HISTOIRE
DE LA GENDARMERIE.

Cet Ouvrage se trouve aussi

Chez LEFEBVRE, Imprimeur, rue de Bourbon, n° 11.

IMPRIMERIE DE DEMONVILLE,
rue Christine, n° 2.

HISTOIRE
DE LA
GENDARMERIE,
DEPUIS SA CRÉATION JUSQU'EN 1790;

ACCOMPAGNÉE

Des Tableaux de créations des maréchaussées à différentes époques, de celui de leurs résidences, des tarifs de solde et des indemnités et vacations, de la désignation des effets d'habillement, équipement et harnachement, des prix des diverses marchandises depuis 1519, etc., etc.

Par

M. TENAILLE CHAMPTON,

LIEUTENANT DE GENDARMERIE.

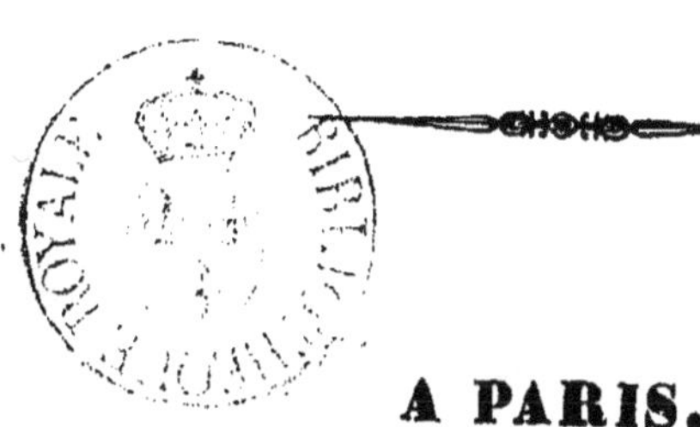

A PARIS,

CHEZ **ANSELIN,** SUCCESSEUR DE MAGIMEL,

LIBRAIRE POUR L'ART MILITAIRE, RUE DAUPHINE, N° 9.

1829.

A SON EXCELLENCE

LE COMTE HYDE DE NEUVILLE,

Député de la Nièvre,

MINISTRE DE LA MARINE.

Monseigneur,

Né dans le même département, ayant foulé ensemble la terre de l'exil, permettez qu'un concitoyen et un compagnon de vos temps de malheur, vous consacre le fruit de quelques-unes de ses veilles.

Le choix du sujet sera tout le prix de l'ouvrage, mais, à vos yeux, l'histoire d'une arme qui, née et vieillie avec notre monarchie, en fut dans tous les temps le soutien le plus solide, ne pouvait être sans intérêt, vous l'avez apprecié en m'accordant votre protection, heureux présage de l'indulgent accueil que, j'ose l'espérer, voudra bien lui faire le public.

Confiant dans cet espoir, et fier de votre appui, veuillez être convaincu qu'en vous sollicitant cette faveur et vous offrant cet hommage, je n'aspirais qu'à vous donner un nouveau témoignage des sentimens du respectueux dévouement que vous a voué pour la vie celui qui est, avec le plus profond respect,

Monseigneur,

Votre très-humble et très-obéissant serviteur,

TENAILLE CHAMPTON.

Joigny, le 6 mars 1829.

Avant-Propos.

Faisant partie d'un corps que j'aime, j'ai désiré en connaître l'origine, généralement peu connue, même des militaires : après avoir étudié ses fastes et recueilli tout ce qui pouvait me mettre à même de tracer, de la manière la plus digne, l'histoire de la plus ancienne arme de l'armée française, la seule qui remonte à l'exaltation de Pharamond sur le bouclier ; la seule qui ait traversé quatorze siècles pour arriver jusqu'à nous en exerçant la même autorité, tenant le même rang et ayant constamment participé aux revers et à la gloire de notre monarchie, sans jamais avoir éprouvé dans son pouvoir et ses habitudes militaires d'autres variations que celles qu'imposent les siècles, les mœurs, les lumières, et parfois encore les circonstances, j'ai pris la plume, espérant qu'on ne lirait pas sans quelque intérêt ce résultat de nos vieilles chroniques; me confiant aussi dans l'espoir que je pourrais faire quelque chose qui serait agréable à mon arme, à l'armée, aux militaires dont elle retrace la gloire, aux magistrats avec lesquels elle fait corps, pour ainsi dire; et enfin, à tous ceux qui ont le cœur français, puisqu'elle nous peint la constante et touchante sollicitude de nos rois pour la prospérité de ce royaume et pour le bonheur de leurs sujets.

J'ai pensé encore que l'administration ne verrait pas sans quelque plaisir l'histoire d'une arme qui, dans tous les temps, a été son bras droit, qui lui a aidé à maintenir l'ordre dans ce royaume durant tant de siècles, par tous les temps, et jusque dans ceux du gouvernement féodal, source abondante de tant de brigandages; enfin, au mérite duquel, dans ces temps derniers, tous les gouvernemens de l'Europe ont rendu un éclatant hommage, en créant chez eux et à son exemple, de semblables corps.

Je me flattais même de fixer les regards de l'homme érudit, qui sait que cette institution nous vient des Romains; ce peuple, qui ne fut étranger à aucune connaissance, pour contenir et poursuivre les voleurs, avait établi non-seulement en Italie, mais dans toutes les provinces de son vaste empire, des *stations militaires* sous les ordres de magistrats appelés *latronculatores* ou juges des brigands (1).

Nos rois, victorieux de ces conquérans du monde, non-seulement eurent la sagesse de maintenir cette institution, mais ils en accrurent encore la force, en plaçant à sa tête le premier de leurs officiers, tant dès son origine ils apprécièrent son importance.

A ces causes, qui m'ont déterminé à saisir la plume, j'y joins aussi l'espérance, qu'au nom des motifs qui m'ont fait prendre cette résolution, je trouverai dans mes lecteurs cette indulgence dont a si besoin celui qui, comme moi, se hasarde dans une carrière si difficile et si différente de sa profession.

Pour inspirer la confiance, j'ai cité mes autorités, peut-être ces citations paraîtront-elles nombreuses, mais j'ai pensé que c'était le seul moyen

---

(1) Tertulianus in apologet.

de donner à l'histoire son véritable caractère, la vérité.

On trouvera dans les ordonnances, édits, arrêts, etc., rapportés, quelques erreurs de dates; mais comment faire pour les éviter? quand ces erreurs se trouvent elles-mêmes consignées dans les ordonnances, édits, arrêts, etc., qui existent dans les bibliothèques publiques et dans les ouvrages qui en ont recueilli une partie : heureusement que cette discordance de dates se rencontre rarement, et que ces variations elles-mêmes comportent des distances de temps peu considérables entre elles.

On remarquera peut-être aussi que l'ordre des dates n'est pas toujours suivie avec exactitude, mais il fallait opter entre l'inconvénient de suivre celui des matières et des idées, ou de s'attacher aux époques exclusivement.

J'ai cru qu'il y aurait de l'avantage à satisfaire l'imagination, en n'interrompant pas le récit d'un sujet, ce qui m'a décidé à anticiper et à chevaucher parfois sur les temps, resserrant néanmoins ces écarts dans un cercle aussi étroit que le permettait une foule de créations ou d'organisations accessoires d'un tout considérable, où se seraient confondues et noyées, pour ainsi dire, ces parties de peu d'étendue, si elles n'avaient été traitées que partiellement et à fur et à mesure de leurs développemens.

J'ai cru, pour la satisfaction du lecteur, devoir placer à la fin de l'ouvrage les tableaux des maréchaussées créée sdepuis 1520, en leur donnant toute l'extension possible; je les ai néanmoins resserrées dans les limites qui m'étaient assignées par les actes de leur création.

J'y ai aussi ajouté un tableau du prix des diverses marchandises depuis 1519 jusqu'à 1740; il aidera le lecteur à se faire, par rapprochement, une idée juste, selon les temps, de l'importance de la solde des maréchaussées. (*Voyez* Tableau n° 17.)

Avant de passer au sujet qui m'a fait saisir la plume, qu'il me soit permis de soumettre quelques observations à ceux dont l'imagination est enracinée de l'idée que la gendarmerie a, dans ses fonctions, certains devoirs à remplir qui demandent mystères et ténèbres; ce préjugé, qui naît de l'ignorance de son institution, est facile à détruire.

Cette arme tient toutes ses attributions de la loi, elle ne peut faire un pas sans s'appuyer sur elle ; elle seule la gouverne, et elle ne peut s'en écarter sans une responsabilité effrayante. Or, qu'elle maintienne, qu'elle réprime, qu'elle accuse, qu'elle arrête les malfaiteurs, ou bien seulement qu'elle les observe, elle n'agit jamais que dans un cercle légal, ostensiblement, et tous ses actes sont publics comme ses actions; par là même, la gendarmerie reste livrée à la censure et à l'approbation de tous, et exposée aux vengeances d'un ministère public souvent jaloux de faire sentir son importance et d'exercer son autorité.

Ayant vu aussi quelques personnes confondre le guet avec la maréchaussée, je vais essayer de les mettre à même de ne plus commettre cette erreur.

Dès la naissance de notre monarchie, il y avait un guet de nuit, établi dans les principales villes du royaume; certaines classes de citoyens étaient assujéties à ce service; ces soldats-citoyens étaient responsables des vols commis durant la nuit, quand ils n'arrêtaient pas les coupables, et une forte amende était imposée à ceux qui n'étaient pas exacts dans leur service.

Au treizième siècle on substitua, ou l'on adjoignit aux citoyens qui faisaient ce service, des gens de guerre à pied et à cheval; l'on donna à cette troupe le nom de *Guet royal*, celui qui la commandait s'appelait *Chevalier du guet*. Ce corps était sous les ordres du principal magistrat de la ville (1). Cette institution, qui nous venait aussi des Romains, disparut, comme tant d'autres, en 1790.

---

(1) Capitulaires, Histoire de France de Velly.

ERRATA.

A tous les mots francs, *lisez :* livres; cette observation devra s'appliquer à toutes les fois que cette erreur se renouvelle.

Pages.	Lignes.	
16	13	Nées mécaniques, qui laissent leurs labourages et industries (2), au lieu d'être en caractère romain, mettez-le en *caractère italique.*
20	15	Un gentilhomme pour le, *lisez* : des gentilshommes pour les.
26	5	*Lay* vient de *laiens*, lisez : *lay* vient de *laicus.*
	14	Lieutenant *laie* ou *lay*, lisez : lieutenant *lai* ou *lay.*
	27	Les autres à celui ; *lisez :* les autres à la charge.
31	1-2	Et non en vertu de procurations ou de cessions, *lisez :* leurs mandataires ou cessionnaires n'étaient pas admis à recevoir.
39	18	Attérer, *lisez :* altérer.
40	24	Ressortaient, *lisez :* ressortissaient.
44	19	Des maréchaussées la stipendiaient, *lisez :* des maréchaussées presque toujours les stipendiaient.
54	14	*Exécuteront de suite les mandemens de justice*, lisez après : L'exécution de ces dispositions étaient telles, qu'en 1618, on vit le prévôt de Lille, en vertu d'un arrêt du parlement, se rendre à l'abbaye de Maubuisson pour y arrêter l'abbesse, sœur de madame Gabriel d'Estrées, le confesseur du couvent et une religieuse, et y réintégrer la mère Angélique, si

célèbre à Port-Royal, et ses religieuses qui en avaient été chassées de vive force (*a*).

Pag.	Lig.	
55	10	Ils les leur, *lisez* : ils leur.
60	26	*Plebres*, lisez : *plebses*.
61	23	*Qu'ils auront pris*, mettez la note (5) Règlemens, 1568, 1584, 1586.
63	6	Signier, *lisez :* Séguier.
74	6	Il le refusa et en fut dispensé, *lisez :* il en fut dispensé.
75	22	Quelques Romains séditieux (2), *mettez :* (3).
76	6	Dix sous (1), *mettez* (2) et (3).
78	4	Couteau, *lisez :* Courteaud.
83	8	Il, *lisez :* le prévôt.
95	26	Ni en admettre les démissions; *à supprimer.*
96	12	Ayant créé, *lisez :* le roi ayant créé.
110	19	Considérable de, *lisez :* considérable du prix de.
131	12	Et réception, *lisez :* de réception.
132	22	A son, *lisez :* à leur.
143	21-22	Rochouart, *lisez :* Rochechouart.
147	6	Sur elle, *lisez :* sur les maréchaussées.
154	3	Vingt-quatre, *lisez :* trente-quatre.
155	8	Qui lui, *lisez :* qui leur.
162	7	Hussiers, *lisez :* huissiers.
163		Brigadier solde entière 582, *lisez :* brigadier solde entière 592.
169	1	Jusqu'au consulat, *lisez :* jusqu'au directoire.

(*a*) Racine, Histoire de Port-Royal.

HISTOIRE

DE LA

GENDARMERIE.

CHAPITRE PREMIER.

Origine de la gendarmerie. — Grand-prévôt de la connétablie. — Prévôté de l'hôtel. — Juridiction des connétables. — Connétablie et maréchaussée de France. — Sa compétence. — Origine des fonctions du connétable ; — de celles des maréchaux ; — du nom de maréchaussée. — Régime intérieur des maréchaussées. — Actes de justice. — Anecdote touchant Charles V. — Création des maréchaussées par François Ier. — Diverses espèces de maréchaussées. — Montre des maréchaussées. — Priviléges et avantages des maréchaussées. — Lettres de vétérance. — Circonscription régulière des maréchaussées. — Institution des greffiers, — des procureurs du roi. — Création des maréchaussées par Henri II. — Union des offices de lieutenans des prévôts, avec ceux de lieutenant criminel de robe-courte. — Création des maréchaussées par Henri IV. — Baillis et sénéchaux créés officiers de robe-courte. — Création des exempts ; — des archers sujets ou domestiques. — Autorité des maréchaussées. — Prisonniers nourris par les maréchaussées. — Discipline. — Régime intérieur des maréchaussées ; — des prévôts, lieutenans et archers. — Les places de prévôts compatibles avec d'autres fonctions. — Le défaut de naissance n'était pas un titre d'exclusion aux places de prévôts et de lieutenans. — Hérédité des charges des prévôts et lieutenans. — Nombre des prévôts fixé. — Prévôt des armées. — Prévôt général des monnaies. — Autorité judiciaire des prévôts et de leurs lieutenans. — Création d'assesseurs; — de maréchaussées sous Louis XIII. — Gages des maréchaussées. — Montre des maréchaussées. — Création des receveurs et payeurs des maréchaussées. — Equipement des maréchaussées. — Armement. — Chevaliers du guet. — Droit d'exploiter accordé aux archers. — Qualité des chevaliers du guet donné aux prévôts et à leurs lieutenans, rendue facultative. — Création d'un premier archer par juridiction. — Suppression du droit d'exploiter accordé aux archers. — Prévôts généraux. — Prévôt de la province de Bourgogne. — Prévôt près et à la suite des maréchaux. — Préséances, honneurs. — Lieutenans des maréchaux de France. — Action de ces officiers sur les maréchaussées. — Solde. — Discipline.

Dans tous les temps, même à l'époque la plus reculée de notre monarchie, la *gendarmerie*, auparavant les *maréchaussées*, qui elles-mêmes avaient succédé aux *compagnies d'ordonnance*, ont fixé tout particulièrement les soins de nos rois, par l'importance de leurs fonctions, et leur nécessité pour le bien du royaume. Aussi, ces rois ont-ils toujours honoré et protégé tout particulièrement un corps qui coopérait si puissamment à maintenir la tranquillité dans leurs états, en y faisant observer les lois, et en y réprimant la licence; de là aussi ces soins scrupuleux apportés dans son organisation, et dans le choix de ceux appelés à en faire partie, surtout dans celui des chefs; car, pour être honoré d'un semblable commandement, il fallait justifier encore plus de ses bons services militaires, de son savoir et de sa probité, que de sa naissance; car, ces premières qualités reconnues, sa noblesse ne devenait pas un titre indispensable à l'admission.

Les maréchaussées représentaient les anciennes *compagnies d'ordonnance*, composées *d'hommes d'armes* ou de *gens d'armes* attachés aux connétables, et sous leurs ordres, chargés du soin de maintenir les gens de guerre, et de leur faire observer la police et la discipline; c'est par suite des devoirs que leur imposaient leurs charges, que ces grands officiers, qui ne pouvaient plus suffire aux nécessités de leurs fonctions, en instituèrent d'autres sous eux, qui, en leur nom, exerçaient cette police dont le besoin se faisait de plus en plus sentir, par la suite des désordres que causait dans tout le royaume le licenciement des gens de guerre. Telle est l'origine du *grand-prévôt de la connétablie*, des *prévôts des maréchaux*, et *prévôts subsidiaires* et *provinciaux* qui furent créés, quand les provinces ruinées et fatiguées par les brigandages qui se commettaient chez elles, réclamèrent des maréchaussées sédentaires; tel est aussi l'origine de la création des *vice-baillis*, *vice-sénéchaux* et *lieutenans provinciaux* chargés de faire exécuter les ordres des connétables.

Les grands-prévôts de la connétablie étaient des officiers de confiance, attachés particulièrement à la personne du connétable, ayant sous leurs ordres une certaine quantité d'hommes, qui a variée selon les temps, pour la garde et le service personnel du connétable, pour l'exécution de ses volontés durant la paix, pour le suivre à l'armée durant la guerre, et pour y prendre part dans l'occasion (1). Parmi les gentilshommes qui furent tués à la bataille d'Azincourt, en 1415, l'on trouve désigné le prévôt des maréchaux (2).

Le prévôt de la connétablie devint un des grands officiers de la couronne; les fonctions de cet officiers étaient tellement honorables dans les commencemens de notre monarchie, que, en 1456, parmi les juges appelés à prononcer sur le sort du duc d'Alençon, et présidés par Charles VII lui-même, nous voyons figurer les prévôts de la connétablie et celui de l'hôtel (3).

Quels qu'aient été les changemens survenus dans la forme constitutive de la compagnie du prévôt de la connétablie, exclusivement soumise, comme nous l'avons dit, aux ordres des connétables, elle a toujours porté la même dénomination, con-

(1) Histoire de la maison de Montmorency, par Désormaux, vol. II; lettres patentes du 29 février 1574, et édit de mars 1720.

(2) Histoire de France, de Monstrelet; Histoire de Charles VII, d'Alain Chartier.

(3) Histoire de France de Velly.

stamment été employée au même genre de service, et, dans tous les temps, considérée comme un des plus puissans auxiliaires de la tranquillité publique.

En 1547, Antoine Dubois était grand-prévôt de cette compagnie, forte alors de vingt-sept hommes, comme à l'époque de sa création.

Cette troupe n'avait aucune résidence fixe; sa juridiction s'exerçait aux lieux où elle se trouvait (1); elle était destinée à se porter où sa présence était jugée nécessaire. En 1604, le sieur Rapin, qui en était le prévôt, reçut l'ordre de se rendre en Poitou avec ses archers, pour y faire cesser *les voleries et autres crimes*, avec injonction aux gentilshommes de l'*assister* et de lui donner *main-forte* (2).

En 1588, ce Rapin avait été chassé de Paris, et dépouillé de son état par les ligueurs, à cause de sa fidélité au roi. C'est lui que Duchat qualifie de brave et savant Rapin (3). Il était né en Poitou, dont il fut vice-sénéchal; il fut un de ceux qui travaillèrent à la satire Ménippée.

En 1739, cette compagnie reçut dans ses attri-

---

(1) Arrêts du conseil, 1546, 1570, 1576, 1697; Ordonnances, 1577, 1600.

(2) Lettres patentes d'août 1604.

(3) Remarque sur la confession de Sancy, par Duchat.

butions la police des bals, foires et jeux tolérés aux hôtels de Sèvres et de Soissons (1).

En 1271, sous Philippe III, dit le Hardi, fut créée la prévôté de l'hôtel (2), qui fut unie à celle de la connétablie faisant partie du corps de la maréchaussée, sous les ordres du connétable; dans l'origine, cette compagnie était forte de trente-six archers.

En 1543, François Ier en confia le commandement au sieur Desbrosses.

En 1578, un arrêt du conseil, confirmé postérieurement par plusieurs autres, unit la charge, et attribua la qualité de grand-prévôt de France à celle de prévôt de l'hôtel (3).

Cette faveur eut lieu au profit de François Duplessis, seigneur de Richelieu; avant lui, le prévôt de l'hôtel prêtait serment entre les mains du chancelier; depuis, il l'a toujours fait entre les mains du roi.

Ce poste a toujours été rempli par des magistrats aussi distingués par leur sagesse que par leur attachement au roi et par leur naissance. Avant cette union, le prévôt qui servait près du connétable, avait coutume de prendre le titre de grand-prévôt

(1) Ordonnance des maréchaux, 1739.

(2) Etat militaire de France, par Moutandre Longchamp, année 1760.

(3) Miraumont.

de France ; il prétendait marquer par cette distinction la prééminence de sa charge, et sa supériorité sur le prévôt des maréchaux, qui était autant au-dessous de lui, que les maréchaussées étaient au-dessous de la connétablie.

Ces prévôts de la connétablie, entre autres les sieurs Rapin et Morel, ayant demandé à être rétablis dans leur ancienne prérogative, leurs prétentions furent repoussées par arrêts du conseil des 3 juin 1589, et 7 mars 1609.

Lors de la création de cette prévôté, les hoquetons des archers étaient couleur de la livrée du roi, ornés de broderies et d'une épée, en signe de justice ; ces soldats étaient armés de javelines (1). Les officiers et archers de cette prévôté étaient officiers domestiques et commensaux du roi ; à ces titres ils étaient exempts d'impôts, ils jouissaient encore de certains autres priviléges (2). Cette qualité de commensaux du roi est aussi ancienne que notre monarchie ; nos souverains n'ayant reconnu les officiers de leur maison que sous cet illustre nom de *convivæ regis* (3).

Ce prévôt avait le droit de nommer certain nombre de marchands et d'artisans privilégiés, à

---

(1) Mémoires de Fleuranges.

(2) Ordonnances, 1553, 1575, 1595, 1598, 1610, 1758.

(3) Lex Sal., tit. 43, §. 6 ; Lex Burg., tit. 38 ; Vite saint Agile, cap. 1.

la cour, maison et suite du roi, et de les destituer en cas de négligence, forfaiture, ou autrement (1).

Cette compagnie était la première et la colonelle de toutes les compagnies des maréchaussées du royaume ; le rang des officiers et sous-officiers de cette compagnie fut toujours supérieur à celui des autres maréchaussées, l'importance de ce rang a souvent varié. Parmi les ordonnances qui le fixent, on remarque celles de 1756 et 1778. Henri IV, dès 1609, avait établi celui qui devait exister entre les capitaines de ses gardes-du-corps, et le grand-prévôt de France et ses archers.

Cette grande-prévôté de France exerçait une spéciale et puissante juridiction, relativement à la sûreté, à la subsistance et au bon ordre de la cour ; ses officiers avaient seuls le droit de faire la police à sa suite (2) ; elle était telle que, sans préalable, ils pouvaient faire saisir, non-seulement les criminels qui approchaient de la cour, mais ceux qui se retiraient parmi les gardes du roi, et tous ceux qui les auraient recélés ou favorisés (3). Cette juridiction s'étendait à qua-

---

(1) Lettres patentes, 1725, 1776.

(2) Ordonnances, 1523, 1546; arrêt du conseil, 8 mars 1688; ordonnance, 1758; ordonnances, 1560, 1570, 1576.

(3) Ordonnance, 1579.

torze lieues à la suite du roi (1), tant au civil qu'au criminel.

L'historien de Thou prétend que c'est à Nicolas de Baufremont que cette charge doit ses plus belles prérogatives, et surtout l'agrandissement de sa juridiction. Le roi Charles IX voulut honorer dans sa personne, un savoir qui se trouve si rarement joint à la noblesse du sang.

La ville de Paris prétendait que la prévôté de l'hôtel n'avait aucune juridiction dans son enceinte; elle citait à l'appui de cette prétention deux arrêts du conseil de 1674 et 1678, qui interdisaient à toute personne, quand il s'agissait de la police de Paris, de se pourvoir à la prévôté de l'hôtel, et ailleurs qu'au Châtelet (2).

Cette compagnie avait un tribunal particulier, composé de son prévôt, de deux lieutenans généraux civils, criminels et de police, un procureur du roi, un substitut, un greffier, receveur des consignations, deux commis greffiers, un trésorier payeur de gages, douze procureurs, quatorze huissiers, trois notaires.

Sa compétence varia long-temps; elle fut enfin fixée le premier avril 1762, avec beaucoup de clarté et de précision, ce qui fit cesser un grand

---

(1) Ordonnance, 1544; arrêts du conseil, 1716, 1725, 1776, 1650.

(2) De Lamare, Traité de la police; Miraumont.

nombre de conflits qui s'étaient élevés jusque-là, entre ce tribunal et les autres juridictions du royaume.

Parmi les prévôts de cette compagnie, on doit remarquer, en 1467, sous Louis XI, Tristan l'Hermite, son homme de confiance, le ministre fidèle de ses actes rigoureux, souvent cruels; ce fut lui qui, en 1472, arrêta le duc d'Alençon, condamné une seconde fois à mort pour cause de trahison.

Sous les règnes de Henri III et de Henri IV, un lieutenant de cette prévôté, le sieur Lugoli, fut particulièrement employé par ces rois dans les affaires de la cour, et dans les crimes d'importance; à une fidélité à toute épreuve, il joignait une grande dextérité pour découvrir toutes les intrigues des grands et les machinations des coupables.

L'origine de la juridiction des connétables doit être aussi ancienne que celle de leur charge; car pour faire exécuter leurs ordonnances, il leur a bien fallu une juridiction coactive: peu au fait des formes judiciaires, non-seulement indispensables dans tout état policé, mais que commandait la multiplicité et la difficulté de certaines affaires, il fut de toute nécessité qu'on créât un siége, où la justice fut distribuée selon des règles.

En l'an 1263, ce siége était connu sous le titre de la *Connétablie et maréchaussée de France*, assis *à la table de marbre du Palais, à Paris;* un arrêt du parlement de cette ville, du premier avril, m'en semble une preuve irrécusable.

Ce tribunal tenait à Paris, on ne le vit siéger ailleurs qu'à Tours, durant la ligue, en 1590. Mais, en 1594, au moment où la légitimité reconquérait ses droits, il reprit son siége qu'il n'avait pas souillé sous l'empire des factieux.

Le premier des maréchaux de France représentait la personne du connétable, et comme cette dernière charge pouvait ne pas être occupée alors, seulement elle était exercée par les maréchaux de France; c'est de ces deux circonstances que ce siége tenait sa dénomination.

Le titre de *Table de marbre* était générique, et commun à plusieurs juridictions dont le rang se décidait par celui de leurs chefs; ce nom générique leur fut donné, parce que la justice était rendue sur une table de marbre placée dans la grande salle du Palais. Elle a subsisté jusqu'au 7 mars 1618, qu'il fut incendié, et qu'elle fut consumée.

C'est ainsi que le siége de la *connétablie et maréchaussée de France* devint dépositaire de l'autorité des connétables, qui ne se réservèrent d'autre juridiction que celle qui concernait le point d'honneur, et qu'ils exercèrent sous le nom du *Tribunal des Maréchaux.* Ce tribunal connaissait, sans appel, de tout différent entre les gentilshommes et gens qui faisaient profession des armes, pour raison de leurs engagemens de parole, et de paris et billets d'honneur (1). Des officiers destinés à réprimer les duels et à poursuivre les infracteurs aux lois dans cette matière, avaient été créés et placés dans les provinces. Les maréchaussées étaient tenues d'exécuter leurs ordres.

La compétence de la *connétablie et maréchaussée de France* a varié selon les temps; l'acte le plus authentique, et en même temps le plus ancien qui paraisse en avoir fixé l'étendue, était intitulé *articles fondamentaux;* il remonte à 1356, sous le roi Jean; il a été rappelé à différentes époques dans les déclarations de nos rois, et dans plusieurs arrêts du parlement de Paris.

Cette compétence comprenait entre autre la connaissance des abus et malversations des prévôts des maréchaux, vice-baillis, vice-sénéchaux, leurs lieutenans, greffiers, archers, trésoriers, receveurs et payeurs, des excès entre eux, en exerçant leurs charges; enfin, de tous les désordres, crimes et délits, ou *manquemens* de la discipline commis par des gens de guerre, en quelque occasion que ce fût, et aussi des excès qui pouvaient avoir lieu à leur égard, même pour

---

(1) Boucher d'Argis, père; règlement de 1609.

rançons, butins, et autres débats survenus à cette occasion (1).

Les affaires touchant le ban et arrière-ban étaient également de sa juridiction (2).

L'autorité du tribunal des maréchaux était telle que *messieurs* des parlemens, de la chambre des comptes et de la maison de ville de Paris, faisaient enregistrer leurs priviléges et exemptions touchant les logemens, au tribunal de la connétablie (3).

La juridiction de la connétablie s'étendait encore sur les jeux de l'arquebuse, de l'arbalète et de l'arc (4).

Les sentences rendues à la Table de marbre du Palais, s'intitulaient au nom des connétables et maréchaux de France ; il leur avait été donné un sceau particulier pour cette juridiction, il était destiné à sceller lesdites sentences (5).

Ce tribunal se trouva souvent en opposition et en conflit d'autorité avec d'autres pouvoirs ; mais,

---

(1) Déclarations du roi, 1544, 1564, 1617, 1618, 1634 ; arrêts du conseil privé, 1566, 1571, 1572, 1596, 1616, 1618, 1620, 1627, 1636 ; arrêts du parlement de Paris, 1617, 1626, 1638, 1644, 1645, 1731 ; conseil d'état, 1617, 1618.

(2) Lettres du 9 mars 1523.

(3) Ordonnances, 1560, 1561, 1576, 1655.

(4) Arrêt de la connétablie, 1751.

(5) Déclaration de 1568.

dans tous les temps, sa juridiction fut vigoureusement soutenue par les parlemens, le conseil d'état et le conseil privé du roi, qui firent justice de toutes ces rivalités jalouses.

Tous les officiers des maréchaussées étaient reçus au siége de la connétablie (1). Les lettres de rémission, pour fait de guerre, étaient entérinées au siége de la connétablie, et non ailleurs (2).

En 1356, une ordonnance de Charles, fils aîné de France et lieutenant du roi Jean, déclara que les habitans du Languedoc ne seraient point ajournés devant les prévôts des guerres, si ce n'est dans le cas qu'ils eussent offensé des gens de guerre dans le temps de leur service.

J'ai pensé que ces prévôts des guerres étaient les mêmes que ceux qui sont appelés prévôts des maréchaux, dans une ordonnance antérieure dudit Charles, et de la même année (3).

Les prévôts des maréchaux n'avaient de juridiction que sur les gens de guerre, il leur était défendu d'entreprendre sur celle des baillis (4).

En 615, Clotaire II avait chargé les comtes de l'emploi de réprimer les malfaiteurs, et d'en pur-

(1) Arrets du conseil, 1644, 1684; ordonnance, 1720.

(2) Arrêts du parlement, 1658, 1659.

(3) Neron.

(4) Lettres du roi, 5 mai 1357; édit, 1514.

ger la France; les baillis et les sénéchaux qui leur succédèrent dans le gouvernement de la magistrature, héritèrent de la même mission; mais peu jaloux d'un tel honneur, et par leur incurie et honteuse négligence, abandonnant le pays au pillage, François Ier, pour réprimer tant de désordres, accrut la juridiction des prévôts, qu'il étendit par concurrence et prévention avec les baillis et sénéchaux de justice; *aux crimes de fausse monnaie, aux vols commis sur les chemins et maisons des particuliers, à tous guetteurs de chemins, tant aux villes qu'aux champs, aux sacriléges avec effraction et agressions faites avec port d'armes* (1).

Cette juridiction s'étendait même aux crimes de lèse-majesté, comme en fait foi cette anecdote. François Ier étant égaré à la chasse, dans les bois de Lelevis, entra dans la maison aux briviaires, proche Rambouillet, où il trouva quatre hommes faisant les endormis : le premier se lève et dit au roi qu'il avait rêvé qu'il avait un bon feutre, et le lui prit; le second dit aussi au roi qu'il avait songé que sa casaque l'accommoderait, et la lui ôta; le troisième le dépouilla de son surcot (espèce de cotte blanche à l'usage des chevaliers de l'étoile);

(1) Ordonnances, 1536, 1544, 1549, 1563, 1564; arrêts du conseil, 1644, 1684, 1724.

le quatrième apercevant une chaîne d'or à laquelle était attachée un cor de chasse, il le voulait ôter au roi, qui lui dit : permettez que je vous montre quelle vertu a ce cor; et en ayant donné, les gens qui le cherchaient vinrent. Le roi leur dit : voilà des gens qui ont songé tout ce qu'ils ont voulu, j'ai songé à mon tour qu'il faut les envoyer au prévôt de Montfort-Lamaury pour les punir; il en fit en effet bonne justice, car ils furent jugés coupables du crime de lèse-majesté (1).

Ce fut encore François Ier qui attribua aux prévôts la connaissance des délits de chasse, mais à l'encontre seulement de toutes personnes nées mécanique, qui laissent leurs labourages et industries (2).

Ces juridictions ne furent données alors que par simples commissions.

De tous les édits rendus à la même époque, Mézerai estime que ceux-là seuls furent utiles à la nation.

Enfin, Charles IX leur accorda le droit de connaître par prévention, et en concurrence avec les juges ordinaires, de tous les cas et délits qui leur étaient attribués, de quelque qualité que fussent les personnes (3).

---

(1) Bruneau, cité par Serpillon; Code criminel.
(2) Ordonnances, 1538, 1539, 1552.
(3) Ordonnance, 1563.

Nous ne pouvons assigner l'origine précise des fonctions de connétable, qui se perd dans l'obscurité que nous présente elle-même celle de notre histoire; cependant il est certain que cette charge brillait dès l'aurore de notre monarchie (1); elle ne nous laisse d'autre difficulté que d'assigner l'époque où, secouant ses titres de familiers de nos rois et prenant rang dans les armées, elle devint militaire; c'est alors qu'elle s'éleva si haut, surtout en 1100 sous Mathieu de Montmorency, mais elle cessa après la mort du brave Lesdiguières, en 1626, à qui Richelieu, ce niveleur des grands, ne l'avait accordée qu'à un âge où il savait bien n'honorer qu'un tombeau.

Après cette mort, les maréchaux de France succédèrent à ces fonctions, et le plus ancien d'entre eux représenta le connétable.

Le connétable était le premier officier du roi. Les princes, les frères même du roi étaient tenus de lui obéir; il ne pouvait être offensé par voie de fait, sans crime de lèse-majesté. En 1392, Pierre de Craon fut condamné, ainsi que ses complices, par le parlement de Paris, comme criminels de lèse-majesté, pour outrage fait au connétable Clisson, et le roi de Navarre fut obligé d'obtenir des lettres de rémission, pour l'attentat qu'il avait commis sur la personne de ce connétable.

(1) Grégoire de Tours, Dutaillans.

Pour la dignité de maréchal, comme pour celle de connétable, rien de fixe sur son origine, sinon que, d'après quelques auteurs, dès Clotaire Ier, en l'an 543, on cite comme officier de sa cour un maréchal de France; mais à quelle époque cette dignité fit-elle ainsi l'échange de ses titres domestiques contre les honneurs militaires? c'est également ce que la nuit des temps soustrait à nos regards. Ce qui paraît vraisemblable, c'est que les maréchaux n'ont été créés que comme *aides* et *coadjuteurs* des connétables (1); par là ces officiers anoblirent leurs titres, en les adjoignant à une autorité militaire, à laquelle tant d'hommes de tout rang ont donné depuis un si vif éclat.

Tout porte à croire que c'est en 1060, sous Philippe Ier, que les *compagnies d'ordonnance* attachées aux maréchaux, pour le maintien de l'ordre et l'exécution de la police dans le royaume, prirent le titre de *maréchaussée*.

Ce nom de maréchaussée vient de ce que ces compagnies étaient immédiatement subordonnées aux maréchaux de France.

Ici, comme lorsqu'il a fallu fixer l'origine des connétables et des maréchaux, et déterminer l'instant où ces charges de cour devinrent des emplois militaires, nous sommes enveloppés d'ob-

---

(1) Leferons.

scurités qui ne nous laissent entrevoir pour asseoir nos opinions, que de pâles chroniques que des auteurs avouent et que d'autres repoussent.

Dans une telle incertitude, n'osant juger par nous-mêmes, nous nous sommes laissés guider par les historiens (1) qui nous ont paru les plus dignes de croyance, et de leurs opinions ayant cru devoir faire les nôtres, nous les avons données avec la circonspection de celui qui aime la vérité.

Ce n'est qu'en 1299 que nous rencontrons quelque témoignage authentique, que les compagnies d'ordonnance attachées aux maréchaux, portaient le nom de maréchaussées ; nous en trouvons la preuve dans l'arrêt du parlement de Paris, qui maintient les maréchaux dans certains droits, à cause de leurs maréchaussées.

Nous ne commençons à avoir quelque lumière sur leur régime intérieur qu'en 1361, qu'un arrêt enjoint aux prévôts des maréchaux, lorsqu'ils arrêteraient un prévenu, de faire bon et fidèle inventaire des effets dont il serait porteur.

Enfin, en 1373, un édit de Charles V nous fournit des documens précieux sur leurs obligations: *les prévôts des maréchaux chevaucheront le pays, eux et leurs lieutenans, et feront résidence en leurs compagnies; et qu'ils chevau-*

(1) De Bouclas, de Beaufort.

cheront de garnison en garnison pour mieux faire justice, tenir ordre et police auxdits gens de guerre, et corriger les fautes, oppressions et pilleries que lesdits gens de guerre pourraient faire au peuple, et ne se trouveront point en cour si les connétables ou les maréchaux ne les mandent. Pourront lesdits prévôts commettre en chaque compagnie un homme de bien, lieutenant, pour administrer la justice.

Cet édit fut sans doute l'origine du droit que se donnèrent les prévôts, de nommer les officiers sous leurs ordres, que vint corroborer celui rendu par Lous XI, en 1494, qui ordonnait aux prévôts des maréchaux de commettre dans chaque province un gentilhomme pour le représenter, avec pouvoir d'assembler, selon les occasions, les autres nobles et gens du pays.

Le débordement des gens de guerre et tous les désordres qui en dérivaient, poussés à l'excès, et que ne pouvaient réprimer les prévôts et leurs lieutenans, furent la cause de ces créations momentanées qui, avec le temps, devinrent fixes, et qui, de commissions temporaires, furent converties en offices en 1545. A cette époque, les prévôts cessèrent de nommer leurs lieutenans. Cette même année, 1373, Charles V fit encore un règlement pour la maréchaussée, ayant pour but la répression des ajournemens et excès de salaires.

En 1444, Charles VII licencia ses troupes, avec défense de commettre aucun désordre ; ce roi, pour assurer l'exécution de son ordonnance, prescrivit aux lieutenans du connétable et des maréchaux, aux prévôts, baillis et sénéchaux d'armer leurs archers, et de border les routes publiques.

En 1515, sur la fin du règne de Louis XII, il n'était presque aucune province qui n'eût son prévôt des maréchaux (1).

De 1514 à 1544, François Ier rendit plusieurs ordonnances qui prescrivaient rigoureusement aux prévôts des maréchaux les *visites et chevauchées* dans la circonscription de leur juridiction, et qui réglaient celle des prévôts et de leurs lieutenans. Les motifs de ces ordonnances étaient fondés, sur ce que *les gens de guerre de cheval et à pied, et autres vagabonds et domiciliés, oppriment grandement notre pauvre peuple, en leurs personnes et biens, en maintes manières, et tenant les champs, pillent, robent leurs hôtes, forcent et violent femmes et filles, détroussent et meurtrissent les passans, allans et venans, à notre très-grand regret et déplaisir.*

En 1539, un acte de dépôt au greffe de la connétablie, nous prouve que dès-lors les prévôts des maréchaux étaient obligés de justifier de leurs

---

(1) Histoire de France de Velly.

chevauchées, certifiées par les juges des lieux. Cette rigueur à exiger des prévôts qu'ils exerçassent leurs devoirs avec exactitude, s'étendaient sur toutes les parties de leur service, nous en trouvons la démonstration dans un arrêt de la Tournelle, du 15 février 1378, qui ordonne que le prévôt des maréchaux de Châteaudun, qui a tué le sieur *de Montibœuf, quoique mal famé et se défendant d'un couteau*, sera poursuivi; et dans celui de 1578, du même tribunal, qui dit que, quoique les prévôts des maréchaux, leurs lieutenans et archers, soient bien autorisés à arrêter les criminels, toutefois *ils ne les doivent tuer pour la résistance qu'ils leur font.*

Ces faits établissent sans réplique que, dans ces siècles reculés, on savait faire bonne et sévère justice, apprécier la vie d'un citoyen, et réprimer jusqu'à l'imprudence du pouvoir dans l'emploi de sa force.

Je ne fais pas reposer néanmoins sur un fait isolé l'opinion que j'émets que, dans ces temps trop souvent représentés aujourd'hui comme en proie aux actes d'une autorité sans bornes, la vie d'un citoyen était respectée, ou sa mort vengée; mais je la fonde sur différens actes de la même nature, qui me paraissent démontrer qu'alors non-seulement la justice était rendue, mais qu'elle l'était avec une très-grande rigueur; peut-être même était-elle empreinte, il est vrai, d'une certaine rudesse militaire, mais rudesse qui s'allie assez bien avec la vertu, que parfois elle conserve.

En 1539, un arrêt établit que, quoiqu'un nommé Richard Lambert ait commis un homicide involontaire, en prêtant aide à la maréchaussée, qui l'en avait requis lors d'une rébellion, il fut poursuivi : et la même année, des lettres gracient le prévôt de Thouars, le sieur Hilaire Sorcin, qui, s'étant rendu coupable de plusieurs exactions dans sa charge, avait été condamné à faire amende honorable et au bannissement.

Ces lettres de grâce, dues à la courtoisie de François Ier, ce roi chevalier dont aujourd'hui la Providence nous a rendu la vivante image, furent accordées à Poitiers par Charles V, le 9 décembre, lors de son passage en France (*qu'il traversa sans danger, malgré Triboulet*), en vertu des pouvoirs donnés par le roi : *notre aimé beau-frère le roi très-chrétien, à notre venue et entrée dans ce royaume, de délivrer et mettre hors des prisons, tous et chacuns les prisonniers qui y sont trouvés détenus, selon l'exigence du fait, leur fait grâce et pardon.*

En 1542, un archer fut poursuivi, parce que ayant été envoyé pour empêcher une réunion, il avait donné un coup de pied à une femme grosse, par suite duquel elle avait avorté.

Enfin, en 1546, un autre arrêt fait foi qu'un archer de Sens fut poursuivi, pour avoir involontairement tué un citoyen, étant dans ses fonctions et les exerçant.

Non moins sévère dans son administration intérieure, nous voyons le siége de la connétablie, en 1538, condamner un lieutenant, pour défaut de paiement de gages à un archer.

En 1529 un prévôt puni, pour une même cause, et des lettres de grâce données en faveur d'un lieutenant condamné également pour avoir relâché des prisonniers à prix d'argent.

En 1541, nous voyons encore un prévôt condamné, pour abus et malversations, et le grand-prévôt des maréchaux, obligé par arrêt, de faire raison à la veuve d'un archer, de certaines sommes qu'il lui retenait; enfin, en 1544, sentences contre un prévôt, pour abus dans sa charge, et contre celui de Sens, pour avoir favorisé l'évasion à des détenus.

Tout aussi ferme quand il fallait faire respecter son autorité au dehors, en 1521, le parlement renvoie au siége de la connétabie des individus coupables de rébellion à l'égard d'un archer. En 1538, ce même siége prononce un arrêt contre les auteurs d'excès à l'égard d'un lieutenant.

En 1539, 1540 et 1543, encore des arrêts de ce même siége, contre les auteurs d'excès de pareille nature, à l'encontre de deux lieutenans et du grand-prévôt de la connétablie.

Enfin, en 1538 et 1544, le même tribunal prononça en faveur d'un prévôt contre des archers.

Tant il est vrai, que dans ces temps, on savait aussi bien qu'aujourd'hui, apprécier le mérite d'une bonne discipline.

De 1514 à 1547, François Ier créa quelques maréchaussées, qu'il plaça dans les lieux qui lui parurent avoir le plus besoin d'être protégés contre les malfaiteurs, alors fort aboudans dans le royaume.

Ces créations sont les premières dont nous puissions parler avec certitude, puisque ce sont les seules dont nous ayons pu nous procurer les ordonnances qui les avaient établies ; il est constant néanmoins, que d'autres l'avaient été bien avant, et on en trouve la preuve dans l'ordonnance de 1520, qui nomme Claude Genton, prévôt de la province de Berry, à la place de Jacques la Trimouille, démissionnaire, aux charges et conditions qui lui avaient été imposées : *nous en suivant*, disent ces lettres de création, *ce qui a été ordonné par notre feu très-cher seigneur et beau-père pour l'entretennement desdits prévôts, lieutenans et archers.*

Dans ces créations est comprise la charge de lieutenant criminel de robe-courte, établie le 15 mars 1526 ; l'ordonnance prescrivait qu'il serait commis un *lieutenant lay, de robe-courte, vertueux et expérimenté au fait de la guerre et des armes, et vingt archers, pour pourvoir en notredite ville de Paris et lieux circonvoisins, comme en tant qu'il est autant besoin et né-*

cessaire, qu'il fut onc, pour le grand et effréné nombre de voleurs, malfaiteurs et délinquans qui s'y sont retirés au tour de nos guerres, et retirent encore.

Le mot *lay* vient de *laiens*, tout le monde en sait l'origine; il y a eu un temps en France que les sciences y étaient tellement négligées qu'à peine trouvait-on, hors le clergé, quelqu'un qui sût écrire; de là vient que le mot de *clerc* signifie également un ecclésiastique et un homme de lettres, et que celui de *lay* lui était opposé. Les sciences rétablies, l'usage demeura de nommer *clercs* tous les gens d'étude; ainsi la qualité de lieutenant *laie* ou *lay* ne signifie autre chose dans cette occasion, sinon qu'il n'était pas nécessaire d'être gradué pour être pourvu de cette charge.

Toutes ces maréchaussées furent accordées par François Ier, sur la demande des peuples, celle particulière des *manans* et *habitans*, convoqués pour savoir si ces créations ou augmentations, tant d'hommes que de gages, étaient le fait de leurs vœux personnels (1).

Une infinité d'ordonnances, d'édits, lettres patentes, arrêts et autres actes publics, nous indiquent que dès l'origine de l'existence des maréchaussées, il y en a eu de plusieurs espèces; les unes aux gages du trésor royal, les autres à celui

(1) Lettres patentes, 1540, 1543, 1544, 1545.

des provinces et élections qui en avaient particulièrement réclamé l'établissement, par suite des besoins qu'elles éprouvaient de se garantir des désordres qui couvraient alors la France, faveur qui leur avait été accordée, mais à la charge de les solder de leurs propres finances, celles du roi ne lui permettant pas de pareilles dépenses.

Ces maréchaussées *subsidiaires* étaient nommées par le roi, avec mêmes pouvoirs et autorités que les autres, et, comme elle, soumises à la même discipline; néanmoins leurs gages n'étaient pas les mêmes, et parfois elles différaient dans le mode d'administration. Ces variations tenaient, soit à certaines dispositions locales, soit aux temps de leurs créations; ainsi, dans l'Artois, outre les gages donnés aux maréchaussées, il leur était fourni des *casaques*, *housses* et *custodes*, et les communautés, il faut sans doute entendre les villes et les villages, étaient tenues de leur donner à *dîner*, *souper* et *coucher* une fois par an. En Normandie, en sus de leur solde, il leur était donné *pour l'entretien de leurs armes, trois francs;* pour celui de la *bandoulière*, *sept francs*, et enfin pour le remplacement des *casaques de livrée*, trente francs (1).

La France gémissait alors sous le poids des désordres de tout genre qu'avait enfantés l'indisci-

(1) Edits, 1495, 1547, 1611, 1693, 1696.

pline et le licenciement des gens de guerre; ces créations de maréchaussées, et surtout leurs motifs, nous révèlent les extrémités auxquelles les peuples étaient réduits.

Si ce spectacle est douloureux, au moins nous offre-t-il la consolation de nous faire connaître la sollicitude des rois de France pour leurs sujets, si bien peinte dans ces ordonnances de création de maréchaussée.

Vu la réclamation des habitans, et cette affaire mise en délibération dans notre conseil, et que nos pauvres peuples sont exposés aux voleries, excès, ravissemens et autres énormes délits, ayant lesdits délits à grand regret et déplaisir, et pour les faire cesser et en ôter et extirper de notre royaume la maudite et damnée engeance, au soulagement, repos et tranquillité de nos sujets.

Cette misère, suite de l'anarchie occasionée par la prison du roi et par la dureté des impôts, avait donné naissance à des désordres si grands, qu'en 1532, François Ier ayant fait tenir des grands jours à Poitiers, fut obligé de les faire appuyer de quatre cents archers, commandés par Chaudion, grand-prévôt des maréchaux (1).

Durant les trente et un ans que régna François Ier, il créa, d'après les ordonnances que nous

(1) Histoire de France de Velly.

avons pu nous procurer, environ deux cents maréchaussées, en supposant que le nombre des ordonnances de création qui n'est pas arrivé jusqu'à nous, fût le même, ce qui n'est pas présumable; encore est-il qu'une si petite quantité d'archers paraîtrait aujourd'hui un remède bien peu efficace pour le soulagement de tant de maux, et un faible auxiliaire pour protéger un peuple entier contre la licence et les excès d'une classe nombreuse d'hommes nourris dans les périls, s'étant fait une habitude du désordre et un besoin de la violence. A cette époque, les fonctions des prévôts et des officiers sous leurs ordres étaient autant périlleuses que fatigantes; ils vivaient dans un véritable état de guerre, guerre d'autant plus dangereuse, que la force seule n'en pouvait décider, et qu'elle demandait vigueur de corps, énergie de caractère, ressources d'esprit et du courage, assez communs sur un champ de bataille, mais bien plus rares chez l'homme qui n'a pour témoins de ses actions que les lieux inhabités, et pour adversaires que des gens méprisés, mais souvent braves. Dans ces temps, l'honneur, cet esprit national en France, ce vieux patrimoine de nos aïeux, agissant puissamment sur les âmes, entrait pour beaucoup dans les déterminations de ces hommes qui ne considéraient pas encore leurs salaires, comme prix unique de leurs actions, mais comptaient aussi pour quelque chose la gloire qui y était attachée. Ces assertions ne sont pas hasardées, elles reposent sur des faits, et parmi ceux que nous offrent notre histoire, je citerai celui arrivé au prévôt du Dauphiné, Marin Bouvier, en 1560. Montbrun, gentilhomme de ce pays, dévastait cette province malheureuse à la tête d'une bande armée; le parlement lança un mandat d'arrêt contre lui; Bouvier, à la tête de ses archers, poursuivit Montbrun; mais au lieu de l'atteindre, il tomba dans une embuscade que lui tendit le chef de ces bandits, et il y fut pris (1).

Dans ces temps, les prévôts, leurs lieutenans et leurs archers faisaient leur montre devant les baillis, sénéchaux et juges présidiaux : ils étaient payés sur les rôles desdites montres par les receveurs généraux et particuliers, à qui il était défendu de donner l'argent des archers aux prévôts, mais bien aux archers eux-mêmes; *qu'ainsi* dit la déclaration du roi de 1549, *ils tiennent à discrétion ne leur en baillant sinon que bon leur semble.*

En 1579, il fut ordonné que ces montres seraient faites en présence des gens du roi.

Les maréchaussées ne pouvaient toucher cette

(1) Histoire de France de Velly; Observations sur les Mémoires de Castelneau.

solde que lors des montres, et non en vertu de procurations ou de cessions (1).

En outre de leur solde, les maréchaussées jouissaient de certains avantages, entre autres de tous les priviléges attachés à la gendarmerie (2), comme en faisant partie ; à ce titre, elles étaient exemptes de toutes espèces d'impôts, telles que taille, octroi, logement de gens de guerre, de guet et garde de tutelle, de curatelle, enfin de toutes levées de deniers ordinaires et extraordinaires (3).

Les motifs de ces priviléges ne reposaient pas seulement sur le rang et la considération dont jouissait cette arme, et sur le mérite de ses services, des motifs plus puissans encore leur servaient de base, ils étaient fondés sur la nécessité de les dédommager de la médiocrité de leurs gages. *N'ayant autres biens que leurs gages et soldes, qui sont de six sous huit deniers par jour, dont à grande difficulté peuvent-ils vivre, ayant la plus part du temps le harnais sur le dos, en danger et hasard de la vie, pour courir aux mauvais garçons, pillards, voleurs et*

---

(1) Ordonnance, 1639.

(2) Ordonnance, 1570.

(3) Déclarations, 1548, 1580; lettres patentes, 1593; édit, 1614; arrêts du conseil, 1640, 1641, 1642, 1643, 1645, 1646, 1647, 1648, 1658, 1660, 1672, 1692; arrêt du grand conseil, 1666; déclaration du roi, 1692; arrêt du conseil d'état, 1693.

perturbateurs du bien et repos public (1).

De 1520 à 1548 le terme moyen des gages des maréchaussées furent pour les prévôts de 220, pour les lieutenans 144, et les archers recevaient 110 liv.; durant cette période, la moyenne proportionnelle du marc d'argent fut de 13 fr. 7 sols.

Ces priviléges éprouvèrent de grandes variations, souvent étendus ou restreints, mais dans tous les temps plutôt honorifiques que profitables; les exemptions d'impôts pour des gens sans fortune, peu rétribués, sobres par état et par devoir, *chevauchant* continuellement, ne devaient pas beaucoup diminuer les recettes de l'état.

Parmi ceux dont jouissaient les maréchaussées, il ne faut pas oublier celui qu'ils avaient d'évoquer directement au conseil du roi, toutes les affaires qu'ils pouvaient avoir personnellement, ainsi que leurs femmes, leurs enfans, fermiers et domestiques. Les motifs de cette soustraction à la juridiction ordinaire, étaient fondés sur les inconvéniens qui résultaient de la jalousie que faisait naître entre eux et les officiers des parlemens, la similitude de leurs fonctions (1).

Ces priviléges s'étendaient sur les officiers et archers du corps de la maréchaussée, à qui il était accordé des titres de vétérance, et sur leurs veuves

---

(1) Déclaration du 27 juillet 1548.

(2) Lettres patentes, 1674, 1675.

demeurant en viduité (1). Obtenir des lettres de vétérance était une faveur qui n'était accordée qu'après de longs et bons services; ces temps de service furent fixés d'abord à vingt ans, puis ensuite à vingt-cinq : elles conservaient à celui qui en était l'objet, durant sa vie, les mêmes *honneurs*, *autorités*, *prérogatives*, *exemptions*, *franchises* et *libertés* dont il jouissait auparavant (2).

Il arrivait aussi parfois que des archers ne pouvant plus faire leur service, par suite de leur grand âge ou de leurs infirmités, obtenaient la grâce d'en être dispensés en conservant néanmoins leurs gages (3).

A leur solde et à ces priviléges, la maréchaussée joignait encore certains droits qui leur présentaient quelques bénéfices, mais bénéfices aussi accidentels que peu importans.

Ainsi, ils avaient droit à la moitié des amendes prononcées contre les délinquans, quand ils étaient condamnés (4).

Les chevaux et les armes des criminels et des déserteurs, par eux saisis, leur appartenaient (5).

---

(1) Ordonnances et règlemens de 1611, 1614, 1624, 1627.

(2) Lettres de vétérance, 1649, 1662, 1672, 1678, 1708.

(3) Lettre du roi, 21 mars 1626.

(4) Déclaration du roi, 1er juillet 1539.

(5) Arrêt du parlement, 15 septembre 1576; arrêts du conseil, 21 mai 1742, 1746; règlement, 20 novembre 1611.

Ces bénéfices étaient *partis* entre les prévôts, lieutenans et archers, le plus également que faire se pouvait, *sans faveurs, amitié ni inimitié* (1).

C'est en 1547, sous Henri II, que nous trouvons établie pour la première fois, d'une manière irrécusable, une circonscription régulière des prévôts des maréchaux et de leurs archers, divisée en trois inspections, ayant pour chefs les trois maréchaux de France, sous les ordres du seigneur de Montmorency, alors connétable de France; ils avaient autorité sur les prévôts et archers ordinaires soudoyés par le roi, ainsi que sur les subsidiaires payés et stipendiés par le peuple et établis dans les élections de province.

Cette année 1547, le roi ordonna à ces maréchaux de faire des tournées dans leurs départemens, trop souvent négligées par leurs prédécesseurs.

Ce souverain, convaincu de l'importance et de la nécessité des maréchaussées pour le maintien de la tranquillité publique, non-seulement renouvela les anciennes ordonnances de son père relatives à leur juridiction, mais il les étendit et prescrivit de nouvelles dispositions, pour qu'à l'avenir elles n'apportassent aucune négligence dans l'exercice de la surveillance qui leur était confiée et ordonnée : *les prévôts provinciaux et leurs lieute-*

---

(1) Règlement, 15 février 1568.

nans chevaucheront avec leurs archers, dans les provinces où ils sont établis, sans séjourner plus de deux jours dans les villes, si ce n'est pour quelque cause urgente, dont ils donneront connaissance aux magistrats du lieu; d'envoyer tous les trois mois au connétable et aux maréchaux leurs procès-verbaux, contenant les diligences et devoirs qu'ils auront fait, avec certificat du juge, comme ils s'y seront employés, et d'exercer leurs fonctions en personne, sans qu'ils puissent tenir autres états, charges, commissions ni offices requérant domicile (1).

Cette même année il fut institué des greffiers à titre d'office, nommés par le roi et assermentés; jusque-là c'étaient des archers choisis par les prévôts, qui avaient exercé ces fonctions. Cette mesure joignit à l'avantage de faire cesser de graves abus, de donner plus de relief à une charge qui n'était pas sans importance, puisque celui qui l'occupait tenait la plume dans toutes les instructions dirigées contre les prévenus, et souvent dans leurs jugemens.

Ces greffiers étaient tenus d'obéir aux prévôts et de les accompagner dans leurs *chevauchées* (2).

Quatre ans après, en 1553, il fut créé des procureurs du roi en chaque juridiction, des prévôts des

(1) Ordonnance, 1549.
(2) Déclaration, 5 février 1549.

maréchaux, lieutenans de robe-courte, vice-baillis, vice-sénéchaux, pour assister *aux expéditions de justice, et avoir communication de toutes informations faites par autorité, commission et mandement des prévôts et leurs lieutenans, et bailler telles conclusions qu'il appartiendra.*

En 1581, des plaintes s'étant élevées contre la négligence de ces magistrats, il en fut attaché de spéciaux à la maréchaussée, *pour assister à ses chevauchées, réquérir, conclure et faire tout ce qui sera pour ce requis et du devoir des procureurs du roi, tant en la poursuite des crimes, qu'instruction et jugement des procès.*

Cette ordonnance donnait à ces magistrats, pouvoir de substituer à leur place une personne *de probité et qualité requise pour assister aux chevauchées.*

Enfin, sur la fin de 1581, par suite des *contestations* et *disputes* fréquentes qui avaient lieu entre les procureurs du roi anciens et ceux nouvellement pourvus, l'on ordonna *l'union* des offices de procureurs du roi des maréchaussées nouvellement créées, aux procureurs du roi des siéges présidiaux et royaux.

Les prévôts et leurs lieutenans étaient tenus de communiquer leurs informations et procédures à ces procureurs du roi (1).

De 1447 à 1554, Henri II créa aussi quelques

(1) Sentence du siége de la connétablie, 16 février 1572.

maréchaussées qu'il établit comme son père l'avait fait lui-même précédemment, sur les réclamations de ses sujets, et dans les lieux qui lui parurent les plus exposés aux brigandages.

Quand, dans ces temps, nos rois voulaient prendre quelque mesure qui intéressait directement leurs sujets, ils les consultaient à l'effet de reconnaître leurs besoins, puis soumettaient leurs désirs à leur conseil.

C'est en 1500, sous cette monarchie qu'on nous peint si despotique, que nous trouvons cette leçon d'administration locale.

En 1554, le roi supprima les offices des prévôts des maréchaux provinciaux, leurs lieutenans et archers, excepté dans quelques provinces, ne voulant pas qu'il y en eût d'autre que ceux des prévôts, des connétables et maréchaux de France, avec leurs lieutenans et archers ; le nombre s'en élevait à quatorze, savoir : ceux des provinces de Picardie, Champagne, Ile-de-France, Lyonnais, Forest, Beaujolais, Auvergne, Bourbonnais, Bourgogne, Dauphiné, Languedoc, Guyenne, Normandie et Bretagne.

Cette suppression fut fondée sur les *controverses, débats* et *questions* qui s'étaient élevés entre les juges ordinaires et les prévôts des maréchaux, d'où il s'ensuivait *impunité et audace d'autant plus grande des coupables* (1).

---

(1) Ordonnance, 1554.

Ces lettres de suppression ordonnaient que les lieutenans criminels, établis *ès-lieux et siéges présidiaux*, et les autres lieutenans particuliers près les siéges royaux particuliers non présidiaux, qui tenaient les offices de lieutenant civil et criminel conjointement, ou le criminel séparément, ainsi que les lieutenans de robe-courte, auraient respectivement connaissance et coaction des délits, comme ont *accoutumé de l'avoir* les prévôts du connétable et maréchaux de France, à la charge d'exécuter les ordres du connétable et des maréchaux de France.

Cette ordonnance fixait l'effectif des maréchaussées établies dans le ressort du parlement de Paris à quarante-huit lieutenans et à deux cent quatre-vingt-dix-huit archers (n° 1). Elle prescrivait encore, qu'à Paris et dans le ressort du Châtelet, outre le lieutenant magistrat criminel et le lieutenant particulier, qui sert tant au civil qu'au criminel, il y aurait un lieutenant de robe-courte, à titre d'office, ayant sous lui douze archers ou sergens extraordinaires.

Ces dispositions qui équivalaient, pour ainsi dire, à une nouvelle organisation, ordonnaient aux lieutenans et archers : *de faire crier et publier à son de trompe ès-lieux principaux de leurs siéges présidiaux et particuliers, et aux plus apparens lieux de leurs ressorts, juridictions ordinaires, que s'il y a aucuns qui sachent et aient connaissance d'aucuns crimes et délits commis au pays, dont il n'ait été fait aucune poursuite, punition et correction, ils aient à en avertir les lieutenans particulier et de robe-courte, pour être procédé à la punition desdits crimes; de chevaucher de quatre mois en quatre mois, et plus souvent s'il était expédient de le faire; de refuser salaires autres que ceux accordés, et d'exiger deniers ou autres choses des prisonniers et accusés des crimes et délits; de prêter main-forte à gens de justice, et quand lesdits lieutenans et archers feront aucunes captures de personnes, saisies et annotations de biens, ils seront tenus de faire bon et loyal inventaire en présence de témoins, et de dresser procès-verbaux qui seront remis ès-mains des magistrats, et leur défendons, sous peine de la hart, recéler, cacher, attérer et retenir malicieusement aucune chose.*

Tous ces lieutenans criminels et particuliers royaux, étaient tenus, en cas de nécessité, de se *conforter l'un l'autre, et leurs archers et sergens, sur la simple missive et réquisition qu'ils feront l'un et l'autre* (1).

Depuis cette suppression, la multiplicité des *homicides, assassinats et autres crimes de tout genre*, ayant fait sentir l'insuffisance des moyens

(1) Ordonnance, 1554.

de répression que présentait cette organisation, il fut créé dans les siéges royaux et particuliers, outre le lieutenant de robe-longue, qui exerçait le civil et le criminel ensemble ou séparément, un lieutenant de robe-courte avec quatre archers (1).

Ces lieutenans avaient, comme les prévôts, le droit de nommer aux places d'archers qui venaient à vaquer par mort, forfaiture ou démission, d'informer et discuter des cas prévôtaux, ne pouvant néanmoins élargir aucun prisonnier, sans l'avis du lieutenant de robe-longue (2).

Ces officiers ayant abusé de ce droit de nomination, jusqu'au point de mettre à l'encan les places d'archers, ou de les laisser vacantes pour s'approprier leur solde sur des noms supposés et de faux certificats; François II, en 1559, pour faire cesser un désordre aussi scandaleux, les priva de ce droit de destitution et de nomination, qu'il attribua aux prévôts des maréchaux (3).

Ces lieutenans étaient directement sous les ordres des connétables et des maréchaux; mais, indépendans de leurs prévôts et de leurs lieutenans, ils ressortaient du tribunal de la connétablie pour

---

(1) Edit, 1555.

(2) Arrêt du parlement, 23 décembre 1627.

(3) Histoire de France de Velly.

les faits de leurs fonctions; chacun d'eux avait sa livrée particulière (1).

Cet état de choses faisant souvent naître des contestations entre ces lieutenans et ceux des maréchaux, particulièrement quand ils résidaient dans le même lieu, et ces rivalités étant aussi préjudiciables à la tranquillité qu'à l'autorité royale, souvent cette autorité fut forcée d'intervenir et de prononcer, sur les réclamations des habitans qui en souffraient ou des parties elles-mêmes, *l'union* des offices de lieutenant du prévôt avec ceux de lieutenant criminel de robe-courte, *cette union ne pouvant apporter que de la facilité à la prise, capture et punition des voleurs* (2).

Cette même année 1555, au mois de septembre, le prévôt des maréchaux de Berry, supprimé par l'édit de novembre précédent, fut rétabli; il fut le précurseur de tous ceux des autres provinces.

De 1554 à 1613, les maréchaussées furent fort augmentées, *les assassinats, voleries, brigandages, violences et ravissemens, larcins, rançonnemens et autres exécrables crimes, se commettant par les vagabonds, gens de mauvaise vie, faux monnoyeurs et boute-feux* (3),

(1) Edit, 1629; ordonnance, 1570; arrêts du parlement de Paris, 1598, 1617, 1646, 1702.

(2) Edits, 1627, 1639.

(3) Edits, 1563, 1565, 1577, 1578, 1594, 1597.

fruits de nos dissensions domestiques, faisaient plus que jamais sentir le besoin d'une magistrature armée, qui pût protéger les peuples contre de si horribles débordemens.

Dans ces temps de désordre, où sous ombre de religion, les intérêts des grands armèrent tant de mains égarées par l'ignorance et le fanatisme, pour satisfaire leur haine et leur ambition, les maréchaussées fournirent aussi leurs victimes : Taverney, lieutenant de la maréchaussée, à la Table de marbre au Palais, périt assassiné le 24 août 1572, le jour de la Saint-Barthélemy; digne d'un meilleur sort, quand surtout on envisage le courage et le sang-froid qu'il déploya. Etienne Paquier raconte ainsi l'épisode de cette sanglante tragédie.

Assisté d'un domestique, il fut le seul, de tant de gens de cœur et de braves guerriers qui périrent dans cette affreuse journée, qui fit contenance de se défendre, et qui le fit avec tant de courage, qu'il soutint tous les efforts de la populace durant neuf heures; une résistance si prolongée ayant épuisé ses balles, il eut recours à la poix bouillante, et enfin, ce moyen lui manquant, il succomba après avoir combattu vaillamment.

Si dans ces temps de crime et d'aveuglement, la maréchaussée eut à déplorer des victimes, ils lui fournirent heureusement aussi l'occasion de rendre d'importans services à la monarchie, et de lui donner de nouveaux témoignages de fidélité.

En 1585, le nommé Nicolas Poulain, lieutenant de la prévôté de l'Ile-de-France, était entré dans la conjuration de la ligue, moins par intérêt que par zèle mal entendu pour la religion; initié à tous les secrets du parti, et voyant qu'il ne s'agissait rien moins que de déposséder le roi de sa couronne, pour en investir ceux de Lorraine, des remords le saisirent, et il révéla à Henri III, en 1587, tous les projets des conspirateurs, malgré les menaces de Villequier, vil courtisan qui ne songeait qu'à entretenir son maître dans l'oubli de son état et de sa gloire. Ce Villequier était le premier gentilhomme de la chambre, et gouverneur de Paris.

A ces fastes de la monarchie, n'oublions pas d'ajouter de ces faits qui nous rappellent la clémence de Henri IV. Le 28 mars 1594, entrant à Paris après son abjuration, quand cette clémence finissait de lui assurer la possession de son royaume qu'il avait conquis par les armes, il en fit encore un noble usage, en rétablissant dans ses fonctions le vice-sénéchal du Bas-Poitou, *qui avait quitté et abandonné le parti de nos ennemis, qu'il avait auparavant favorisé*, ainsi que Mathurin de Binat, Gervais Hodry, Jean Bereau et Rocher Errus, archers de Sens, qui avaient suivi un prévôt commis par le duc de Mayenne.

Le 2 avril suivant, il amnistia et réintégra dans leurs offices tous les officiers de la connétablie qui avaient servi la ligue, lesquels prêtèrent serment à Henri IV, roi de France et de Navarre, prince naturel et légitime.

Ces augmentations de maréchaussées qui eurent lieu de 1554 à 1613, furent également établies, sur les réclamations des habitans, du consentement des échevins, après *enquête faite de leur nécessité* (1). Elles étaient aussi, comme nous l'avons vu précédemment, le résultat des désordres occasionés par les troubles du royaume *qui ont tellement dispensé les gens de guerre, même une infinité d'autres personnes à commettre assassinats, voleries et autres excès et crimes* (2).

Comme nous l'avons aussi précédemment fait observer, les provinces ou élections qui réclamaient alors des maréchaussées, les stipendiaient de leurs propres deniers, les finances de nos rois ne leur permettant pas de pareilles dépenses; ainsi, dans ces temps anciens, c'étaient les peuples eux-mêmes qui appréciaient leurs besoins, s'imposaient et s'administraient; si parfois même l'autorité royale, après avoir cru nécessaire des créations de ce genre, reconnaissait qu'elles pou-

(1) Edits, 1578, 1583, 1587.

(2) Edit, 1594.

vaient devenir trop onéreuses à leurs peuples, elle ne craignait pas, comme elle le fit en 1592, lors de la création de la maréchaussée en Normandie, d'accueillir les réclamations des états de cette province, et d'ajourner l'exécution de ses propres volontés aux temps où *la province aurait le pouvoir d'en supporter l'entretennement et l'établissement* (1).

Ce fut en 1560, sous Charles IX, que l'illustre chancelier de l'Hopital créa les baillis et les sénéchaux, officiers de robe-courte; ces dispositions qui ôtaient l'administration de la justice à ces hauts magistrats, et qui la laissaient à leurs lieutenans, fit dès-lors deux états bien distincts de la robe et de l'épée; ces titres de vice-baillis, vice-sénéchaux, qui furent attribués aux prévôts des maréchaux, n'ajoutaient aucune importance à leurs *gages* et à leur *autorité*, mais elle les mettait à même de continuer *leur bon devoir, qui se pourra plus aisément faire étant, par ladite qualité et nom, plus respectée, et ledit état rendu plus honorable* (2).

Les vols, les violences et les désordres de tout genre qui s'étaient successivement et prodigieusement accrus depuis Charles VII (3), et qui, pour

---

(1) Edits, 1592, 1603.
(2) Edit, 1576.
(3) Lettres patentes, 1438, 1443, 1444, 1475, 1481, 1514,

ainsi dire, mettaient la France à la merci des gens *mal vivans*, déterminèrent à cette substitution de titres qui ne fut pas, comme nous l'avons exposé, qu'une mesure isolée, mais elle se lia à toutes celles dont nous venons de nous entretenir, et entre autres et tout particulièrement, à la création des exempts et des archers domestiques qui eurent lieu dans cette période.

Les exempts furent établis pour le maintien de la discipline et pour suppléer les lieutenans dans le commandement, lors de leurs absences; dans l'origine, ce n'était que le premier archer, *n'ayant plus grands gages ni droits que ceux qui sont attribués à la place d'archers, lesquels sont à la nomination des grands prévôts* (1).

Les premiers dont les ordonnances nous signalent la création, sont ceux qui, en 1592, furent attachés à la prévôté de Normandie jusqu'en 1612, il paraît qu'on en créa peu; mais cette année, le *royaume étant inondé d'un grand nombre de voleurs et autres malveillans, tellement que pour les réprimer et tenir la campagne libre et assurée, les prévôts et leurs lieutenans sont forcés d'être continuellement à cheval et éloignés de leur troupe, et que faute de personnes*

1524, 1543, 1544, 1546, 1549; arrêt du parlement, 1525; édit, 1555; ordonnance, 1560; règlement, 1563.

(1) Ordonnance, 1603.

ayant qualité pour commander en leur absence, il en résulte une grande confusion et souvent des retards dans l'exécution des ordres (1) ; il en fut établi un dans chaque compagnie des prévôts généraux, prévôts provinciaux, vice-baillis, vice-sénéchaux, leurs lieutenans et lieutenans criminels de robe-courte, ayant dix archers sous leurs ordres. Ils n'avaient d'autres gages que ceux attribués aux autres archers ; cependant nous voyons en 1592, lors de la création du prévôt général de Normandie, deux exempts auxquels il est alloué trois cents francs de gages, tandis qu'il n'en était accordé que deux cents aux archers : disposition exceptionnelle sans doute, puisque ce n'est qu'en 1630 qu'il leur fut donné des gages supérieurs à ceux des archers.

Ce fut en 1708 que ces véritables sous-officiers obtinrent le droit d'informer, dans les cas de flagrant délit et lors d'une capture, à la charge de se faire assister d'un greffier ; en 1720 ces dispositions furent confirmées.

Les archers sujets ou domestiques, dont le nom indique assez la nature de l'emploi, durent leur origine à la sûreté personnelle des prévôts et au besoin de faire exécuter leurs ordres promptement (2). L'ordonnance de création de

(1) Ordonnance, 1612.

(2) Edits, 1597, 1604, 1618, 1706.

ceux établis au profit du prévôt de Montfort, expose dans ses motifs, *que lesdits archers sujets, que ledit prévôt monte et arme, font beaucoup plus de service, étant près de lui, que les autres qui, par l'incommodité du logis ou autrement, en sont éloignés, à raison de quoi, et même pour éviter à danger de sa personne, que lui pourraient faire plusieurs, qui se sont élevés et montrés ses ennemis capitaux.*

Le nombre des archers domestiques était fort circonscrit; obtenir le droit d'en avoir était une faveur toute particulière qui n'était accordée que par le roi, dans certains cas ou certaines circonstances et d'après des considérations toutes particulières, et très-souvent sans la participation du connétable et des maréchaux; en 1604, on vit même ces grands dignitaires, se fondant sur l'ordonnance de Blois de 1579, qui défendait aux prévôts, *sous peine de la vie, d'avoir aucuns archers domestiques, autrement dits sujets*, et sur le règlement du connétable de Montmorency du 15 février 1568, qui interdisait aux prévôts des maréchaux d'avoir *aucuns archers nommés archers sujets*, refuser d'entériner les lettres du roi données en 1601 au prévôt général de l'Ile-de-France, pour tenir *des archers sujets domestiques*, et ne céder que sur nouvelles lettres de jussion.

Ce règlement de 1568 fut souvent rappelé et renouvelé, notamment le 28 juillet 1745, que le siége de la connétablie fit défense aux *prévôts et tous autres commandans des brigades de maréchaussée, d'avoir des archers domestiques dans leurs maisons, et les occuper à leur service personnel domestique, s'ils n'en ont obtenu la permission du roi, et pour ceux qui en obtiendront de les tenir montés et armés en l'équipage où ils seraient ou devraient être s'ils n'étaient demeurants en la maison desdits prévôts, lieutenans, exempts et commandans de brigade, sans pouvoir par eux donner auxdits archers, aucuns gages autres que ceux que Sa Majesté leur paie.*

C'était aux longs troubles qui agitèrent la France si long-temps, aux excès des partis, à la licence des gens de guerre et à leur licenciement que le royaume était redevable de cette quantité prodigieuse de vagabonds, souvent étrangers, *qui pillent, saccagent, volent et dérobent, tuent et massacrent la plus part des provinces de notre royaume* (1).

Ces désordres étaient tels, que non-seulement toutes communications entre particuliers ne pouvaient s'établir qu'au péril de la vie, mais qu'il y

(1) Ordonnance, 1565.

eût eu même un danger certain pour une troupe armée qui aurait été peu nombreuse. Ces faits ne paraîtront pas fabuleux, quand on lira l'ordonnance de 1577, qui dispense pour un certain temps un prévôt et ses archers de venir prêter serment au siége de la connétablie, attendu *qu'ils mettraient leur personne en grand hasard, vu le danger des chemins*; et celle de 1594, qui *dit les marchands et autres ne pouvant continuer leur trafic, ni vaquer à leurs affaires sans s'exposer à un évident péril de leur vie.*

S'il pouvait rester quelque doute sur l'importance et la gravité de ces débordemens, les deux faits suivans les auront bientôt fait évanouir.

En 1581, le fils de Jean, seigneur de Thévalle, amenait du pays Messin deux compagnies de pied, pour se joindre à l'armée de Monsieur, qui se réunissait à Château-Thierry. Les habitans de Broes, près Sézanc, ayant refusé le passage à cette troupe, les choses s'aigrirent à tel point qu'on en vint aux mains; après un combat opiniâtre, les troupes ayant forcé les habitans, ce bourg fut saccagé, incendié, et les habitans passés au fil de l'épée.

La même année, un capitaine appartenant à l'armée de Monsieur, étant logé chez un honnête villageois, où il était très-bien traité, ayant abusé de la fille de son hôte, fut assassiné par elle; les soldats de cet officier, pour le venger, saisirent la fille à son tour et la fusillèrent; les gentilshommes voisins, indignés de tant de cruautés, s'étant assemblés, tombèrent sur les soldats et les massacrèrent.

Tels furent les motifs qui déterminèrent la création des archers domestiques, d'abord pour la sûreté personnelle des prévôts, de vice-baillis et vice-sénéchaux, et aussi, *afin que justice soit plus soigneusement et avec plus grand éclat exercée* (1), et l'augmentation des maréchaussées, pour pourvoir et donner ordre aux *pilleries et exactions qui se font communément* sur notre pauvre peuple (2).

Si au milieu des désordres qui pesaient si violemment sur la France, nos rois, à la tête de leur conseil, s'occupaient des moyens de protéger leurs peuples contre les *pilleries, voleries, exactions, forces publiques, rançonnemens, assassinats et autres espèces de crimes* (3). Ils ne négligeaient pas non plus en commettant des magistrats pour rendre prompte et éclatante justice, de prévenir les excès auxquels eussent pu se porter eux-mêmes des hommes revêtus d'un noble caractère, d'une grande autorité, ayant les moyens de

(1) Ordonnance, 1575.
(2) Edit, 1563.
(3) Edits, 1562, 1576, 1577, 1578, 1594.

l'exercer avec autant de force que de promptitude, et avec d'autant plus de danger pour les citoyens, qu'un grand nombre étaient éloignés du maître, encore plus par les difficultés des communications que par les distances.

Aussi, des ordonnances sévères et rigoureusement observées, fixaient-elles les limites de ces fonctionnaires, et ils ne pouvaient les franchir qu'aux périls de punitions graves, dont ils étaient menacés.

Ce pouvoir tellement calomnié par certains écrivains qui semblent avoir pris à tâche en nous retraçant ces temps, de nous peindre la nation, plutôt écrasée que courbée sous le joug d'une autorité despotique, était cependant, comme nous allons être à même d'en juger, resserré dans d'étroites limites et dirigé par des règles qui font honneur à l'équité et aux lumières de ceux qui tenaient alors les rênes de l'état; règles qui depuis servirent de bases à Louis XIV et à nos législateurs modernes, pour rédiger ces ordonnances dignes du grand siècle, et ce code qui, en soumettant le même peuple à la même loi, n'a été que l'exécution de la pensée du grand roi.

Les maréchaussées doivent se comporter prudemment, avec honnêteté, procéder avec modestie, sans arrogance (1), *ne pourront prendre*

(1) Edit, 1572.

au corps (les maréchaussées), *saisir et arrêter aucuns pour quelque crime que ce soit, s'il n'y a information précédente, si ce n'est qu'ils soient pris en flagant délit ou à la clameur publique, à la charge de les conduire devant le prévôt* (1) *à l'instant de la capture des prisonniers, seront tenus de faire en leur présence, fidèle inventaire des objets saisis sur eux, qu'ils arrêteront prisonniers et de les envoyer aux greffes de nos sièges présidiaux, à la confection de cet inventaire, ils appelleront deux proches voisins de la maison où le prisonnier aura été appréhendé, ou bien l'un des officiers du lieu pour y assister, et leur faire signer ledit inventaire.*

Défendu sous peine de la hart, receler, cacher, retirer, ni retenir malicieusement aucune chose, ou de s'en rendre adjudicataire sous leur nom ou sous celui d'autres prévenus (2).

D'interroger les prisonniers dedans vingt-quatre heures, après qu'ils auront été pris (3).

De n'exiger aucun denier, sous quelque pré-

---

(1) Ordonnances, 1328, 1585; arrêts du grand conseil, 1608, 1618; règlement, 1630.

(2) Ordonnances, 1554, 1563, 1564; arrêts du grand conseil, 1608, 1618; déclaration, 1720.

(3) Arrêt du parlement, 1565; arrêts du grand conseil, 1618, 1621, 1624, 1629.

texte que ce soit, nonobstant que des tiers y eussent intérêt comme partie civile (1).

De déposer les biens saisis et inventoriés, ès-mains d'un voisin reséant et solvable, qui s'en chargera (2).

Lesquels meubles ils ne pourront faire déplacer ni vendre (3).

Tenus de représenter les armes, chevaux et autres choses par eux saisis (4).

Conduiront les gens arrêtés aux prisons les plus voisines et où il y a siége présidial et royal (5).

Exécuteront de suite les mandemens de justice (6).

N'arrêteront qui que ce soit, sans décret précédent et bailler copie d'icelui, avec l'exploit d'emprisonnement, sinon en flagrant délit et émotion populaire (7).

Les archers porteurs et exécuteurs de décrets, seront tenus lorsqu'ils entreront ès-maisons des accusés, pour la recherche d'iceux, prendre

---

(1) Ordonnance, 1566.

(2) Ordonnances, 1563, 1564, 1566, 1579; arrêts du conseil, 1608, 1618.

(3) Arrêt du grand conseil, 1611.

(4) Arrêts du grand conseil, 1618, 1621.

(5) Ordonnances, 1564, 1566, 1568.

(6) Ordonnance 1579; arrêts du grand conseil, 1611, 1615, 1618.

(7) Arrêts du conseil, 1608, 1618, 1630, 1645.

deux voisins avec eux, pour être présens à ladite recherche dont ils feront procès-verbal qu'ils feront signer auxdits voisins (1).

Ayant constitué des individus prisonniers, les mettront ès-prisons du plus prochain siége qui sera de leur ressort, sans les retenir ès-maisons privées, ce qui leur est défendu à peine de la vie (2).

Ils informeront les juges des lieux des captures, ils les leur communiqueront la procédure qu'ils auront faite.

Les prisonniers qui ne seront tenus justiciables, seront délaissés aux juges ordinaires à peine de répondre en leur propre nom des dommages et intérêts des prisonniers par eux détenus (3).

Ne pourront faire de leur maison des prisons (4), *ils seront conduits ès-prisons ordinaires du plus prochain siége, sans les tenir ès-maisons privées sous peine de la vie* (5), *ne pourront transférer les prisonniers d'un siége à un autre* (6).

---

(1) Arrêt du conseil, 1608, 1618.
(2) Arrêts du conseil, 1608, 1615.
(3) Ordonnances, 1564, 1566.
(4) Arrêt du grand conseil, 1615.
(5) Arrêt du conseil, 1608, 1618.
(6) Arrêt du grand conseil, 1611.

Chargeront les livres de la geôle de ceux qu'ils emprisonneront ou feront emprisonner (1).

Ne pourront avoir aucun profit sur les prisonniers, que ce soit de bien-venue ou autrement (2).

Les prévôts et leurs lieutenans ne pourront ordonner et mettre à prix une table de geôlier selon le temps que vivres seront chères ou à bon marché (3).

Il paraît que dans ces temps, les prisonniers étaient nourris par les soins des maréchaussées, ce fait historique le confirme. En 1560, le parlement ordonna que *Hugues de Lavarde*, écuyer, capitaine de la Bastille sous la connétablie, préleverait 98 livres 10 sous tournois, sur les gages de l'office de conseiller clerc, possédé par Anne Dubourg, condamné en 1559, pour les vivres et autres choses nécessaires fournies audit Dubourg, tandis qu'il avait été à la Bastille.

Ce Dubourg était un des cinq conseillers au parlement de Paris, qu'Henri II fit arrêter comme entaché d'huguenotisme (4).

Ainsi au quinzième siècle, la liberté individuelle était assurée, les cas où elle ne devait pas

---

(1) Arrêts du grand conseil, 1608, 1618, 1644.

(2) Edit, 1495.

(3) Edit, 1495.

(4) Mémoires de Condé; Mémoires de Casteleneau.

être respectée, déterminés, le mode qui devait en priver un citoyen fixé, le lieu destiné à le tenir séquestré de la société désigné, tout ce qui touchait les intérêts du prévenu et la morale publique réglé, et le tout de manière que la société n'avait à craindre aucune action arbitraire, et que défendue néanmoins des attentats de la malveillance, chaque citoyen jouissait en France, à l'ombre de l'autorité légitime de ses souverains, de la plus grande sécurité.

Les actes de rigueur que nous allons rapporter nous prouveront que ces dispositions n'étaient pas vaines, et qu'une éclatante justice en assurait le succès.

En 1539, le prévôt de Thouars fut condamné par arrêt à faire amende honorable et au bannissement, pour exaction dans sa charge.

En 1547, le lieutenant et les archers de Thouars, furent cassés par lettres patentes du roi, pour lâcheté, fautes et abus.

En 1563, le prévôt général de Guyenne et ses lieutenans furent cassés pour *concussion et malversation dans leur charge.*

En 1574, un arrêt du parlement de Paris, enjoint au lieutenant de Sens, de n'élargir *aucun prisonnier sans en communiquer au conseil,* et le renvoie par-devant les maréchaux de France, pour que son procès lui soit fait.

En 1576, par arrêt du grand conseil, le prévôt

Regnault de Belveder, fut condamné à mort à l'occasion de plusieurs crimes.

En 1580, fut pendu à Paris, le sieur Fourreau, prévôt des maréchaux d'Angers, en vertu d'un arrêt du grand conseil, pour plusieurs assassinats et vols.

En 1582, un archer de la brigade Tronchon, fut exécuté à Paris, pour avoir dans une insurrection populaire arraché à main armée des mains de la justice le sieur Touard, que l'on conduisait à la Grève pour être mis à mort.

Si nous nous en rapportons au *Journal de la Ligue*, les archers de cette brigade, qu'il qualifie de *rufiens*, s'adonnaient à une extrême licence; ce Tronchon, leur chef, avait été un des *principaux massacreurs* de la funeste journée de la Saint-Barthélemy (1).

Selon les anciens auteurs, il faut entendre par le mot *rufien*, un homme débauché, un maraudeur, un bandit.

Nos souverains ne s'étaient pas seulement contentés d'assurer la liberté individuelle de leurs sujets, ce premier bien de l'homme; ils en avaient encore fixé les limites qui en garantissent la jouissance; songeant au but qu'ils s'étaient proposé en créant les maréchaussées, ils avaient déterminé par de sages règlemens, le mode de leur service, et leur

(1) D'Aubigné, tom. 2, liv. I, chap. IV.

prévoyance n'avait pas négligé les moyens qui garantissaient qu'aucun relâchement ne priverait leurs peuples d'une vigilance sur laquelle ils devaient compter; ils n'ignoraient pas qu'une troupe armée, élevée pour ainsi dire à la hauteur de la magistrature, aurait pu devenir d'autant plus dangereuse, en s'adonnant à la licence, que les citoyens devaient y trouver protection et appui; aussi avaient-ils soumis ce corps à une discipline sévère, qui devint la garantie de leur active sollicitude.

Les prévôts ne pourront tenir qu'un office, et exécuteront leur état en personne, ne commettront que hors de leur ressort, tenus de surveiller les gens de guerre, aller aux champs, ne séjourner en un lieu plus d'un jour, sinon pour cause légitime, feront vivre les gens de guerre selon les ordonnances, circuiront la province pour le devoir et exercice de leur état, sans se tenir aux villes closes, appréhendront les déserteurs des armées et qui tiendront les champs, ils appelleront les nobles, roturiers et communautés à son de tocsin et en public, et un assez grand nombre pour que force nous demeure.

Ils s'emploieront continuellement, et vaqueront diligeamment à la connaissance et jugement du procès, dont la connaissance leur est attribuée.

Dresseront procès-verbaux de leurs chevau-

chées et diligences, et ils les enverront aux maréchaux, avec certification des juges ordinaires.

Feront leurs chevauchées de trois mois en trois mois, seront ordinairement à cheval, néanmoins auront un domicile certain, où ils pourront être trouvés par ceux qui auront besoin d'eux.

Défendus aux receveurs et payeurs de leurs gages, de leur délivrer aucuns deniers, s'ils ne rapportent due certification d'avoir envoyé lesdits procès-verbaux; ensemble actes signés de nos juges et procureurs, contenant qu'ils auront bien et dûment fait lesdites chevauchées.

Monteront à cheval aussitôt qu'ils seront prévenus de quelque crime, et feront toute diligence qu'il y ait plainte ou non, de la partie civile, ne recevront aucun salaire.

S'ils sont négligens, après les réquisitions et les sommations de nos sujets de monter à cheval, informer et aller là, par où les crimes auront été commis, ou les délinquans retirés, ils seront condamnés à tous dépens (1).

Les prévôts et lieutenans des maréchaux, convoqueront les vassaux nobles et autres gens plebres, laboureurs, roturiers, et communautés

(1) Ordonnances, 1549, 1560, 1563, 1564, 1566, 1568, 1579, 1608; arrêts du conseil, 1608, 1618; arrêt, 1539.

à tocsin, ou cri public, ou autrement, pour arrêter les gens de guerre, de cheval et de pied et autres vagabonds, et domiciliés, qui tiennent les champs, pillent, volent leurs hôtes, forcent et violent femmes et filles, détroussent et meurtrissent les passans allans et venans (1).

Ne pourront s'absenter ou s'éloigner, sans congé des connétables et maréchaux de France (2).

Ils mettront à exécution les décrets qui leur seront baillés (3).

Prêteront main-forte aux magistrats, pour les captures et exécutions de jugemens, assembleront gens du plat pays, au son de cloche et de tocsin, ou autrement, pour donner confort et aide à nosdits officiers, en sorte que la force nous demeure et à notre justice, sous peine de privation de leur état (4).

Les prévôts et lieutenans enverront tous les quatre mois, au connétable et maréchaux ou au procureur général, l'état au vrai, et à peine de faux, de tous les prisonniers qu'ils auront pris.

---

(1) Ordonnance, 1539.

(2) Ordonnance, 1373.

(3) Arrêts du conseil, 1608, 1618.

(4) Ordonnance, 1585; déclaration du roi, 1566; arrêts du parlement, 1574, 1579, 1627.

Les prévôts généraux et leurs lieutenans ne pourront donner commission à leurs archers, pour informer des délits; néanmoins, si aucuns des archers se rencontrent en flagrant délit, on pourra faire procès-verbal, informer d'iceux et même s'assurer des délinquans, si faire se peut; à la charge de les conduire devant leurs prévôts (1).

Les archers ne pourront mettre aucuns décrets et ordonnances de juges à exécution, ni assister aucuns sergens, sans permission de leurs prévôts ou lieutenans, ni servir de recors (2).

Chaque mois, enverront leurs procès-verbaux à leurs prévôts, ou les déposeront au greffe criminel de la cour, et ceux de leurs chevauchées (3).

Les archers ne pourront porter armes à feu, quand ils seront ès villes, ou ès lieux, où s'exerce la justice, sinon quand il faudra procéder à une capture, ou en allant à la campagne (4).

J'en appelle à la bonne foi, était-ce bien là un

---

(1) Règlement, 1611, 1630.

(2) Règlement, 1630.

(3) Ordonnance, 1566; arrêt du parlement, 1573; édit, 1592; arrêt du conseil, 21 mars 1613.

(4) Arrêts du conseil, 1608, 1618, 1644, 1645.

peuple sans lois, sans règle, abandonné aux caprices d'une autorité sans borne? que celui pour lequel il avait été fait tant et de si sages règlemens confiés à une magistrature indépendante, ayant à sa tête des l'Hopital, de Thou, Servin, Loisel, Harlai, Pitou, Signier, et ce Philippe Hureau de Cheverni, qui, en 1595, eut le courage de protester en plein conseil, contre les provisions de gouverneur de province, données par Henri IV à Charles, duc de Guise, fils de celui qui reçut à Blois le salaire de son ambition, dont, disait-il, *la maison avait une vieille et rance prétention.* Magistrats, honneur de la magistrature et de la France, non-seulement par le savoir, mais encore par la fermeté de leur caractère et la pratique de toutes les vertus publiques et domestiques.

Comme nous l'avons dit précédemment, nos rois n'avaient pas dédaigné de descendre aux soins minutieux d'une administration intérieure, et ils avaient cru digne de leurs propres conseils de fixer les rangs, de déterminer le pouvoir et d'assigner l'obéissance de tous les grades des maréchaussées entre eux; tant de soins ne furent pas infructueux, une discipline sévère assura à ce corps une action aussi rapide que ferme et régulière, et la considération qui s'ensuivit, vint encore le fortifier de tout le poids d'une puissance morale, qui fut d'autant plus énergique, qu'elle ne fut qu'un tribut volontaire de l'opinion publique.

La composition de ces maréchaussées, le choix tout particulier des militaires appelés à la commander, et l'honneur d'avoir à sa tête le connétable et les maréchaux de France, contribuèrent aussi pour beaucoup à fixer sur elles cette opinion publique, cette reine du monde, puissant levier de toute autorité.

Ès charges des prévôts des connétables et maréchaux de France, vice-baillis, vice-sénéchaux, et leurs lieutenans, seront commis, gentilshommes, notables, et reséans, gens de savoir et probité (1).

Il ne sera reçu de prévôts des maréchaux, vice-baillis, et vice-sénéchaux, qui n'aient fait bonne preuve de noblesse, qui n'aient cinq cents livres de rente en fonds de terre, qui n'aient commandé quatre ans dans les armées, qui ne soit de bonnes vie et mœurs (2).

Ils présenteront leurs lettres de provision devant le lieutenant-général de la connétablie et maréchaussée de France, au siége de marbre à Paris, pour y être enregistrées.

Il n'appartenait qu'au connétable et maréchaux de France, *de recevoir et d'instituer dans leurs charges, tous officiers de maréchaussées;* ils prê-

---

(1) Ordonnances, 1563, 1564, 1560, 1566.

(2) Déclaration du roi, 18 juin 1599.

taient serment entre les mains du parlement (1), ce serment pouvait être fait par procuration (2), *les prévôts ne pourront tenir qu'un office* (3).

Ils seront tenus de mettre au greffe du siége, le rôle de leurs lieutenans, archers, greffiers, et leur domicile.

Il ne sera pourvu aux offices de prévôts des maréchaux, leurs lieutenans, vice-baillis, vice-sénéchaux, que gens de savoir et probité, après inquisition de leur vie et conversation, seront examinés par deux conseillers maîtres des requêtes, ou conseillers des cours souveraines, commis à cet effet par le chancelier, pour voir les informations de probité, avant que sceller les lettres desdits officiers (4).

Les prévôts pourvoiront aux places d'exempts, d'archers vacantes, toutefois et quand quelque vacation y échoira par mort, forfaiture, résignation ou autrement, à l'exception de celles qui avaient des survivances, ou dont ceux qui en étaient pourvus mourraient dans le service, dans ce dernier cas, ces places étaient conservées à leurs veuves et héritiers; pourvoiront les places vacantes de

---

(1) Ordonnance, 1564; arrêts du conseil, 1644, 1684, 1724.

(2) Arrêts du conseil, 1583, 1595.

(3) Ordonnance, 1560.

(4) Ordonnances, 1563, 1564, 1566, 1579.

personnes idoines et capables auxdits offices d'archers.

Défendu à peine de la vie, de recevoir d'aucun exempt, brigadier, sous-brigadier, archer ou trompette, et de ceux qu'ils proposeront pour ces emplois, aucune finance, sous quelque prétexte que ce soit, d'en prendre aucuns qui ne soient domiciliés, recevront leur serment (1).

Seront tenus avant que de recevoir leurs archers, de les présenter à nos baillis et sénéchaux, ou leurs lieutenans, pour être informé de la qualité, vie et mœurs de ceux qu'ils voudront commettre auxdites places d'archers, et il n'y aura aucuns deniers de déboursés pour y parvenir, dont lesdits archers seront tenus de se purger par serment, avant que d'être reçus à l'exercice desdites charges (2).

Les exempts et archers ne pouvaient faire aucune fonction, qu'au préalable ils n'eussent obtenus des lettres de provision de la grande chancellerie après leur nomination, pour laquelle ils ne devaient aucun droit (3).

---

(1) Ordonnances, 1520, 1543, 1557, 1577, 1573, 1579, 1585; déclarations, 1652, 1690; arrêts du conseil, 1669, 1716; édit du roi, 1701; arrêt du parlement, 1671; jugement de la connétablie, 1749.

(2) Ordonnances, 1563, 1564, 1566, 1573, 1579, 1585.

(3) Sentences de la connétablie, 1740, 1741; édits, 1554, 1559, 1679, 1693, 1701.

Les prévôts, vice-baillis, vice-sénéchaux, et lieutenans criminels de robe-courte, sont responsables de leurs archers, et tenus de les représenter à justice toutes les fois que besoin sera.

Tenus de faire ce que pour le service sera par eux ordonné, ils pourront les suspendre, démettre et casser, et en leur lieu, pourvoir d'autres.

La destitution des archers par les prévôts, pour défaut d'obéissance, en ce qui toucherait le service du roi, tiendra par forme de suspension seulement, pendant l'appellation de ladite destitution ou privation devant les maréchaux de France.

Les démissions ou résignations d'archers, seront égalcment accueillies ou rejettées par eux (1).

Ils sont garans des faits de leurs cavaliers, quand ils commettent un délit en leur présence, ou en leur absence illégitime (2).

En 1587, sous Henri III, un prévôt s'étant refusé d'accorder à un archer ses provisions, celui-ci présenta un placet au roi, qui ordonna qu'elles lui fussent données.

Les prévôts et lieutenans, n'auront aucuns archers sujets, et ne pourront en prendre aucuns qui ne soient domiciliés, et non leurs domestiques.

Les lieutenans et prévôts se comporteront en

(1) Ordonnances, 1520, 1543, 1557, 1559, 1573, 1577, 1579, 1585; sentences de la connétablie, 1584, 1597.

(2) Arrêt du grand conseil, 1656.

l'exercice de leurs charges et ailleurs, l'un à l'encontre de l'autre, doucement et modestement, et se porteront tel respect et honneur qu'à chacun d'eux appartient, selon son degré, sans s'injurier, menacer et provoquer de fait ni de parole, à peine d'être puni.

Si le lieutenant est mandé par le prévôt, pour aller à son logis et autre lieu pour le devoir de sa charge, ledit lieutenant sera tenu d'y aller le plus tôt que faire se pourra, sans excuse et pour cause légitime (1).

Enjoint aux lieutenans et archers d'obéir aux prévôts, de leur porter l'honneur qui leur appartient en ce qui touche le service, sous peine de cassation.

Tenus d'être bien montés et armés, de n'aller aux champs sans congés et permissions, et les archers dans l'absence du prévôt, sans congé de lieutenant, le tout sous peine d'être cassés (2).

Les archers ne seront excusés, ni exempts du service qu'ils doivent suivant les ordonnances, sinon pour bien peu de jours et pour causes légitimes et nécessaires, sans qu'ils puissent prendre, exiger, ni recevoir aucun don ou présent quel qu'il soit, pour donner congé auxdits

---

(1) Ordonnance, 1579; règlement, 1568, 1584, 1586.

(2) Déclaration du roi, 1558, 1578, 1584.

archers et les exempter du service, à peine de concussion et lesdits archers cassés.

Que le travail, labeur, péril, corvées et profits ordonnés et permis par les ordonnances, sera parti entre les prévôts, lieutenans, et par eux respectivement entre lesdits archers, le plus également que faire se pourra; sans faveurs, amitié, ni inimitié (1).

Toutes ces dispositions ont été renouvelées souvent depuis, notamment en 1608, 1618, 1644 et 1645, par des arrêts du grand conseil.

Les archers ne pouvaient être changés de résidence sans causes graves, les lettres-patentes du 28 novembre 1576, qui maintiennent les archers de Loudun dans la leur, en fournit un témoignage aussi remarquable par l'esprit de justice qui y règne, que par les sentimens d'humanité qu'elles renferment; *cès archers ayant exercé leur état bien et duement, sans aucune plainte, auquel lieu ils ont toujours accoutumé de faire leur résidence; y ayant, ou ès-environs, si peu de bien, qu'il a plu à Dieu de leur avoir donné.*

Les places de prévôts étaient compatibles avec d'autres fonctions; en 1536, d'Estourville, prévôt de Paris, ayant la charge de cinquante hom-

---

(1) Ordonnance, 1579; réglement, 1568, 1684, 1586.

mes d'armes faisait partie de la garnison de Saint-Paul (1).

Parfois même, on vit plusieurs prévôtés réunies dans la même main, telles que la prévôté des monnaies avec celle de prévôt général des maréchaux, et celle-ci avec la charge de prévôt provincial (2). En 1655, Louis le Jeay réunit celles du Poitou ; ces faveurs étaient des exceptions rares, fruits de quelques services éclatans ou de protections dont la source impure ne tarira jamais. Quoiqu'en général les places des prévôts de maréchaux, vice-baillis et vice-sénéchaux ne furent occupées que par des officiers qui joignaient à une naissance distinguée les talens d'un militaire habile et que les titres les plus qualifiés ne fussent pas incompatibles avec cet emploi ; néanmoins, le défaut de naissance n'était pas toujours une exclusion d'une charge aussi considérable. En effet, en 1577, Charles de Valade fut nommé vice-sénéchal à La Rochelle, *encore qu'il ne nous fasse apparoir être issu de noble maison;* Pierre Berthot fut créé prévôt d'Anjou, *en considération de son fidèle devoir et aussi des guerres où il a fait perte de ses deux enfans décédés à notre service;* et en 1772, le sieur Bazard fut fait noble en sa qualité de prévôt.

---

(1) Mémoires de Martin Dubelay.

(2) Arrêt, 26 juin 1725.

Malgré les règlemens qui ordonnaient de ne confier les places des lieutenans des prévôts des maréchaux qu'à des *gentilshommes et autres personnes notables et recéans* (1). Elles étaient cependant quelquefois aussi la récompense du mérite, et l'on y vit parvenir des hommes qu'en éloignait la naissance. En 1577, un simple archer fut nommé lieutenant du prévôt de l'Ile-de-France; et en 1638, des lettres réhabilitèrent un particulier, *à cause qu'il avait été acteur de comédie*, désirant acquérir l'office de lieutenant de maréchaussée à Provins.

Jusqu'en 1595, les places de prévôts et de lieutenans provinciaux ne se donnèrent que par commission; mais cette année Henri IV permit aux prévôts des maréchaux, vice-baillis, vice-sénéchaux généraux et particuliers, leurs lieutenans tant criminels que de robe-courte en chacune des maréchaussées et autres juridictions du royaume, de résigner pour une fois seulement leursdits états et offices à personnes capables, à condition de survivance et moyennant finance, sans porter préjudice aux maréchaux de France auxquels ils continueraient d'obéir comme par le passé. Cette détermination fut prise *sur ce que, souvente fois, ils ont hasardé, hasardent et exposent tous les jours leurs vies pour*

---

(1) Ordonnances, 1563, 1564.

exécuter nos commandemens, et les arrêts de nos cours souveraines et autres juges, et qu'ils tiennent ordinairement la campagne, pour s'opposer aux mauvais desseins des vagabonds et voleurs, qui empêchent la liberté du commerce, négoce et affaires de nosdits sujets, et qu'il peut advenir qu'en faisant leursdites charges, ils perdront la vie, le meilleur de tous les moyens, dont leur famille se trouverait ruinée; désirant autant que possible gratifier lesdits officiers, à ce qu'ils continuent de bien en mieux leur devoir, au fait de leurs charges, et qu'ils n'aient tant de craintes d'exposer leur vie pour notre service et le bien public (1).

De laquelle finance, dit cette ordonnance, *nous entendons nous aider et recourir en l'urgente nécessité de nos affaires;* ces *nécessités* étaient telles, que cet admirable roi ne craignait pas d'avouer qu'il était *presque nu*, sans *armes* et sans *chevaux;* que Monglat, son premier maître d'hôtel, l'avertissait *que sa marmite est prête à donner du nez en terre*, et qu'un de ses valets de chambre lui annonçait *qu'il n'avait qu'une demi-douzaine de chemises, en partie déchirées, et qu'il ne lui restait que cinq mouchoirs.*

Jusqu'en 1690, cette ordonnance fut succes-

(1) Ordonnance, 1595.

sivement abrogée et renouvelée à plusieurs reprises; mais enfin Louis XIV prenant en considération les services rendus par les maréchaussées, et les dangers attachés à l'exercice de leurs fonctions, ordonna que les prévôts généraux, particuliers, vice-baillis, vice-sénéchaux, lieutenans criminels de robe-courte et autres officiers des maréchaussées et archers, *jouissent de la survivance de leurs offices, pour une fois seulement, pour être iceux après leurs décès conservés à leur veuves, enfans, héritiers ou ayant cause.*

Ces dispositions furent confirmées depuis à diverses époques, notamment en 1701; postérieurement elles reçurent quelques modifications. Ces hérédités de charges, moins calculées sur le bien du service que sur le désordre des finances, devinrent trop souvent le patrimoine de la fortune, au lieu d'être celui de braves militaires, à qui il ne restait que le souvenir de leurs services et d'honorables blessures. Les maréchaux de France, disons-le à leur honneur, firent tous leurs efforts pour s'opposer à de tels abus, qui avaient envahi la plupart des charges militaires, même dans les compagnies du roi; mais ces efforts, qu'entravèrent souvent quelques cours souveraines et même le grand couseil, furent presque toujours infructueux (1).

---

(1) Lettre du roi, 1618.

En 1596, Guillaume Joly, qui avait traité de l'office de lieutenant-général de la connétablie, ayant refusé, lors de sa réception en cette charge, de prêter serment qu'il n'avait donné aucun argent pour entrer à son office (ce que les lois défendaient), il le refusa et en fut dispensé. Cet acte de probité fut cause que cette année, dans l'assemblée des notables convoqués à Rouen, il fut arrêté qu'à l'avenir les juges ne feraient plus cet ancien serment qui n'était que servile et toujours contraire à la vérité.

Ce Joly était de Decise, département de la Nièvre, aussi dévoué au roi que probe : durant les troubles de la ligue, il se retira à Nevers, et ne reparut sur la scène politique qu'après la rentrée de Paris sous l'obéissance de son souverain légitime ; il avait succédé à François Tavernay dont nous avons parlé, et qui périt aussi courageusement que malheureusement à l'horrible journée de la Saint-Barthélemy.

Dans l'origine, il n'y avait qu'un seul prévôt en chaque province, créé par des ordonnances et ayant pour résidence le chef-lieu ; les circonstances et les besoins en ayant multiplié le nombre, il en résulta de graves inconvéniens, fruit des rivalités et des jalousies. Souvent les désordres qui en naquirent furent réprimés par les parlemens (1), mais ils ne cessèrent qu'en 1609,

(1) Arrêt du parlement, 4 mars 1600.

qu'Henri IV ordonna qu'il n'y aurait par chaque province qu'un prévôt provincial, *que les autres demeureraient ses lieutenans et l'assisteraient aux chevauchées, captures et fonctions de sa charge* (1).

Tandis que les prévôts provinciaux et leurs maréchaussées maintenaient la tranquillité en réprimant la licence et les désordres dans les provinces, que la prévôté de l'hôtel faisait son objet spécial de la police à la suite du roi, et que la compagnie de la connétablie se portait partout où sa surveillance et son appui étaient nécessaires, les peuples ne restaient pas abandonnés à la licence du soldat, et les armées étaient préservées de leurs propres écarts par des prévôtés qu'on y avait attachées : ces charges devinrent même un apanage privilégié de quelques corps, tels que les bandes françaises et la cavalerie légère, près desquelles il y en avait à demeure (2).

En 1494, le jour de l'entrée de Charles VIII à Rome, le prévôt de l'armée fit pendre, dans la ville même, quelques Romains séditieux (2).

En 1534, François Ier ordonna, que par chaque légion il y aurait un prévôt des bandes françaises,

---

(1) Edit, 1609.

(2) Edits, 1534, 1553, 1596, 1604, 1626, 1649; états arrêtés par le roi, 1780, 1781.

(3) Histoire de France, par Velly.

avec quatre sergens, pour *l'exercice de la justice, informer des vols, meurtres ou des violences qui se commettraient dans les routes ou dans les garnisons.* Il assigna à ces prévôts quinze francs par mois de gages, et aux archers sept livres dix sous (1).

Outre leur solde, les prévôts des armées jouissaient de certains droits particuliers, et ils avaient les mêmes *libertés, priviléges et franchises*, que les prévôts des maréchaux (2).

Ces prévôts s'appelaient prévôts de l'armée, il était défendu aux capitaines et soldats, sous peine de la vie, de les injurier, ni outrager de fait ni de parole, et ils étaient tenus de leur obéir en ce qu'ils leur ordonnaient pour la justice, ainsi qu'à leurs lieutenans, greffiers et archers (3).

Il était du devoir des prévôts de l'armée de chasser et châtier les filles de joie, et les goujats qui étaient à la suite des compagnies (4).

Les prévôts des armées avaient le droit de proposer aux généraux commandant les armées des règlemens et ordonnances de police, il leur appartenait de les faire afficher et publier.

---

(1) Ordonnance, 1534.

(2) Ordonnances, 1570, 1691.

(3) Ordonnance, 1586.

(4) Ordonnances, 1579, 1575.

Ils devaient empêcher dans les armées, les duels et les jeux de hasard (1).

Tout délit qui avait lieu aux armées ou dans les troupes, était tenu pour délit flagrant et prévôtal.

Aux armées, la cour prévôtale se composait avec les intendans et les capitaines;

A la suite des compagnies, avec les juges du lieu.

Hors les cas de crimes commis à l'armée ou à la suite des corps, la qualité aggravante de crime prévôtal cessait pour prendre simplement celui de crime militaire, étant de la juridiction de la connétablie, sans appel aux parlemens.

En 1553, Henri II créa pour *l'administration de la justice et police aux vivres*, des bandes françaises, le sieur Bonivet, prévôt, un lieutenant et quatre archers.

En 1556, au siége de la forteresse de Vignate, en Italie, le maréchal de Brissac livra le bâtard de Boissy, de la famille Boissy, au prévôt de l'armée; il était accusé de s'être précipité seul à la brèche, avant l'ordre de l'assaut, et d'y avoir entraîné toute l'armée, qui s'était emparée de la ville; condamné par le conseil de guerre, pour cette violation des lois militaires, le maréchal

(1) Règlement, 1691.

non-seulement lui fit grâce en considération d'une si haute valeur, mais lui passant au cou une chaîne en or, il lui dit : Va à mon écuyer, il te donnera un cheval d'Espagne, un couteau, et des armes, pour dorénavant te tenir près de moi, et servir en ce que je te demanderai (1). »

En 1586, Henri III nomma un prévôt à l'armée du duc de Joyeuse.

En 1595, Henri IV donna un prévôt à la garnison de Pontoise; enfin, nous trouvons, en 1780 et 1781, des états arrêtés par Louis XV, qui déterminent la composition et les appointemens de la prévôté de l'infanterie française et des hussards.

Dans ses attributions, la maréchaussée avait bien la répression et la poursuite du crime de fausse monnaie et de toute infraction qui touchait aux matières d'or et d'argent; mais chargée d'une surveillance si étendue, et dans ces temps surtout, cette partie de l'administration offrant un si vaste champ à l'investigation, elle ne pouvait qu'en exercer une précaire sur cette branche de l'ordre public, et ne prêter qu'une très-faible assistance aux officiers des hôtels des monnaies. Louis XIII qui appréciait les services que rendaient les maréchaussées, et qui sentait quel avantage il y aurait d'attacher spécialement des

(1) Mémoires de François Boivin, baron de Villars.

hommes de ce corps à ses hôtels des monnaies, créa en 1635, à titre d'office formé et héréditaire, un prévôt général des monnaies, un lieutenant, trois exempts, quarante archers, et un trompette, pour le service de cette cour, à Paris; ils remplacèrent les huissiers, qui lui avaient été donnés pour exécuter ses ordonnances.

Cette compagnie fut créée aux *mêmes honneurs, autorités, prérogatives, prééminences, exemptions, pouvoirs et juridiction, que les autres maréchaussées du royaume.*

Les prévôts de cette compagnie pouvaient connaître des cas prévôtaux autres que ceux qui concernaient les monnaies, concurremment avec tous les prévôts, excepté à Paris et dans l'Ile-de-France (1).

Le prévôt général des monnaies avait le droit de correction et de discipline sur les officiers et archers de sa compagnie, sauf appel à la cour des monnaies; il avait entrée et séance à la cour des monnaies le jour de sa réception, ainsi qu'au rapport des procédures instruites, par lui ou ses lieutenans, et toutes les fois qu'il y était mandé pour les fonctions de sa charge; dans ce cas, il n'y avait pas voix délibérative.

Comme les prévôts provinciaux, ceux des mon-

---

(1) Arrêt du conseil, 6 février 1685.

naies étaient tenus de faire leurs *chevauchées*, d'en envoyer les procès-verbaux au greffe de la connétablie, et de *tenir la campagne jour et nuit* (1).

En 1704, Louis XIV voulant faire cesser les abus de tout genre qui se commettaient en matière de monnaie, malgré les fréquentes punitions des délinquans, créa une cour des monnaies à Lyon, à l'instar de celle de Paris, et y attacha, pour l'exécution de ses arrêts, et que *force demeurât à justice*, une compagnie de maréchaussées, composée d'un prévôt, d'un lieutenant, quatre exempts, trente archers, et un trompette, avec mêmes *prérogatives et franchises* que celles attribuées aux maréchaussées attachées à l'hôtel des monnaies à Paris.

En 1720, un édit ayant supprimé une très-grande partie des maréchaussées, et celles des monnaies de Paris et de Lyon ne se trouvant pas exceptées, elles eussent subi le même sort, si elles n'avaient pas été maintenues en 1725, par un arrêt du conseil.

Enfin, en 1773, toutes celles qui avaient été attachées aux cours des monnaies de Caen, Tours, Poitiers, Toulouse, Riom, Dijon, Reims, Troyes, Amiens, Bourges, Grenoble, Rennes

(1) Sentence de la connétablie, 1662, 1663.

et Besançon, ayant été successivement supprimées, celle de Lyon eut le même sort; la compagnie des maréchaussées des monnaies de Paris, fut chargée seule du service intérieur et extérieur des monnaies, pour toute la France; pour que cette compagnie pût faire face à tant de besoins, son effectif fut augmenté considérablement, il fut porté à 418 hommes (N° 4); comme toutes les autres maréchaussées du royaume, ces compagnies des monnaies étaient sous les ordres des maréchaux.

Il était attaché une très-grande considération à la charge de prévôt des monnaies; elle valut à un nommé Bazard, qui occupait cet emploi à Lyon, des titres de noblesse, et le 2 juillet 1772, un édit attribua la même faveur à un autre prévôt des monnaies.

Après avoir exposé comment s'était établi, et ce qu'était la juridiction de la connétablie et celle des maréchaux, ainsi que l'autorité des prévôts, leurs lieutenans et archers, en ce qui touchait les devoirs qui leur étaient imposés par leurs charges, il ne nous reste plus qu'à faire connaître le genre et l'étendue de l'autorité judiciaire, qui était attribuée aux prévôts et à leurs lieutenans.

L'autorité judiciaire qu'exerçaient ces officiers, était appelée prévôtale, non sujette à appel, excepté dans certains cas, tels que celui du duel (1). Il en ressortait nombre de matières aussi importantes que multipliées, connues sous le nom de cas prévôtaux ou présidiaux; on qualifiait ainsi certains crimes qui exigeaient une punition prompte. Cette juridiction a varié comme la détermination des cas prévôtaux ou présidiaux eux-mêmes, qui furent fixés à différentes époques par nombre d'ordonnances (2), mais qui changés, augmentés ou développés par la déclaration du 5 février 1731, mit plus d'ordre qu'il n'y en avait eu jusque là dans la distribution des cas prévôtaux, et particularisa mieux les crimes qui devaient être considérés comme prévôtaux: tout cas prévôtal était cas royal, disait le proverbe confirmé par les jurisconsultes, du Rousseau, Jousse, Boutarie, et Richer.

Cette autorité des prévôts s'exerçait sans distinction de la qualité des personnes; en 1588, Jean Valatte, grand-prévôt d'Angely, sur l'ordre du roi de Navarre, informa contre Charlotte Catherine de la Trimouille, veuve de Henri, prince de Condé, accusée d'être auteur de sa mort; et

---

(1) Edit, 1679; déclaration, 1751; arrêts du grand conseil, 1725, 1726.

(2) Arrêts, déclarations et ordonnances, 1536, 1538, 1544, 1549, 1551, 1557, 1563, 1564, 1566, 1585, 1598, 1636, 1656, 1670, 1724, 1731.

en 1644 et 1649, le prêtre Mazille, et le frère Noël Meyeré, cordelier, furent poursuivis et condamnés comme fabricateurs de fausse monnaie par le siége de la connétablie.

Au premier interrogatoire, l'officier de maréchaussée était tenu de déclarer au prévenu qu'il entendait le juger prévôtalement, de lui expliquer ce qu'on entendait par juger prévôtalement; il avait vingt-quatre heures pour se décider sur sa compétence, qu'il devait faire juger au présidial dans le ressort duquel la capture avait été faite, dans trois jours au plus tard, encore que l'accusé n'eût pas proposé de déclinatoire (1).

Il ne pouvait être instruit aucun procès contre un accusé qu'il ne fût constitué prisonnier, et il ne pouvait être procédé à son instruction que dans la chambre du conseil (2), dans les vingt-quatre heures de sa capture, et en présence de l'assesseur (3).

Les présidiaux n'étaient compétens que pour juger si le cas était prévôtal ou non; pour prononcer dans les cas prévôtaux, les officiers des maréchaussées étaient obligés *d'appeler quatre notables personnages, gens de savoir, et con-*

(1) Ordonnances, 1564, 1572, 1629, 1670; arrêt de la Tournelle, 1575; déclaration, 1618.

(2) Arrêts du conseil, 1608, 1618.

(3) Déclaration de 1731.

seils de nos officiers, ou autres lieux plus prochains, où ils auront prins lesdits prisonniers et délinquans, ou autres lieux plus commodes, qu'ils verront être à faire, pour procéder à la confection des procès et jugemens d'iceux (1).

La quantité de personnes appelées à former ce tribunal, a varié selon les temps; des ordonnances les fixèrent à quatre, d'autres à sept, pendant quelque temps elle fut de dix (2); en cas de refus des officiers du siége, de s'assembler pour rendre un jugement prévôtal, le prévôt pouvait y suppléer par des gradués, ou porter le procès dans un autre siége (3). Ces ordonnances, qui confiaient la vie des citoyens à des hommes pris au hasard, qui pouvaient n'avoir ni les lumières, ni la délicatesse de sentimens nécessaires, pour des fonctions si terribles, furent l'occasion des remontrances du parlement, qui ne les enregistra qu'avec la clause, *vu la malice du temps*. Malgré cet enregistrement, cette cour chercha souvent à entraver la marche de ce tribunal, en recevant des appels de ceux qui se trouvaient même pris en flagrant délit; Henri II, dans son lit de justice,

(1) Ordonnances, 1536, 1544.

(2) Déclarations du roi, 1536, 1544, 1547, 1549, 1552, 1563, 1564, 1566, 1694; arrêt du grand conseil, 1611; édit, 1720; arrêt du parlement de Paris, 1602.

(3) Arrêts du conseil, 1617, 1656, 1719.

tenu le 12 février 1552, se plaignit des obstacles qu'apportaient les parlemens à la justice de ses prévôts des maréchaux (1).

Les prévôts et leurs lieutenans avaient voix délibérative dans les jugemens prévôtaux, n'auraient-ils pas été gradués. Cependant les lieutenans en étaient privés quand les prévôts y assistaient, en leur absence ils les remplaçaient (2).

Que les prévôts fussent présens ou non, dans les affaires prévôtales, les sentences étaient rendues en leur nom (3).

Toutes les expéditions de la juridiction de la maréchaussée étaient scellées de leur sceau (4).

Les prévôts ne pouvaient élargir les prisonniers, ni faire main-levée de leurs biens saisis, sans l'avis des officiers du siége, même après le jugement d'absolution (5).

Ces officiers ni leurs lieutenans, ne pouvaient non plus décerner des exécutoires pour leurs vacations, ni adjuger confiscations à leur profit (6).

---

(1) Registres du parlement; Histoire de France de Velly; Mémoires de Rabutin.

(2) Déclarations du roi, 18 juin 1599, 30 octobre 1720; édit, 1644; déclarations, 29 septembre 1693, 1692, 1618.

(3) Arrêts du grand conseil, 1608, 1618; déclarations du roi, 6 mai 1692; édit, 1720.

(4) Arrêts du grand conseil, 1627, 1656.

(5) Déclaration du roi, 1636.

(6) Arrêt du parlement de Bretagne, 1636.

Pour faire cesser les lenteurs qu'entraînait l'obligation imposée aux maréchaussées, de conduire les prisonniers aussitôt leur capture devant les juges royaux, pour l'instruction du procès des prévenus, il fut créé en 1594 et 1640, des assesseurs en chaque juridiction des prévôts des maréchaux, vice-baillis, vice-sénéchaux, et lieutenans de robe-courte, pour accompagner ces officiers, là ou leurs devoirs les appelaient, les assister dans l'instruction des procès, et remplacer les conseillers présidiaux et les juges royaux ; ces assesseurs étaient tenus de monter à cheval avec eux, tant aux *chevauchées*, ordinaires que dans toutes les occasions qui se présentaient pour l'exercice de leur charge, ils n'avaient de fonctions que dans l'instruction des affaires prévôtales ; c'étaient des gens gradués donnés aux prévôts pour leur servir de conseil, des adjoints pour les assister dans l'instruction; ils ne pouvaient paraître l'épée au côté, et ils ne pouvaient instruire qu'en robe ; leurs gages étaient les mêmes que ceux des archers : pour faire face à cette dépense, il fut supprimé un archer, partout où un assesseur fut établi ; ces assesseurs ne jouissaient pas de l'exemption de taille comme les maréchaussées (1).

Cette organisation reçut postérieurement en-

(1) Edits, 1594, 1600; règlemens, 1618, 1640; déclaration du roi et édit de 1720; arrêt du grand conseil, 1656.

core des améliorations importantes, aussi salutaires pour la sûreté des citoyens, que pour les garanties dues aux accusés (1).

De cet état de choses, naquirent des rivalités qui firent éclater quelques difficultés entre les officiers des maréchaussées et ces magistrats; elles furent réglées par des ordonnances qui déclarèrent, qu'en l'absence des prévôts et des lieutenans, les assesseurs commanderaient les exempts et les archers, et qu'en l'absence des officiers ils pourraient punir les archers, mais eux seulement (2).

La création de ces assesseurs, avec celle des procureurs du roi en 1553, et des greffiers en 1549, compléta les moyens d'unir dans l'instruction des affaires la sévérité, la célérité et l'esprit de prévision, à ceux de précaution et de garantie contre l'erreur ou les passions humaines.

Si nous ajoutons à ces dispositions, que les archers ne pouvaient arrêter que dans les cas de flagrant délit, émotion populaire, clameur publique, ou en vertu de décrets ou d'ordonnances de magistrats, et que dans ces cas même, les officiers des maréchaussées devaient se soumettre à des formalités, comme nous l'avons vu précédemment, aussi multipliées que rigoureuses, pour

(1) Ordonnances, 1640, 1698; arrêt du parlement, 1608.
(2) Ordonnance 1594; arrêt du grand conseil, 1656.

mettre les particuliers à l'abri de tout acte arbitraire ; nous devons convenir que l'administration de ces temps reculés était loin de protéger l'arbitraire, et de vexer les citoyens.

De 1613 à 1631, c'est-à-dire pendant une très-grande partie du règne de Louis XIII, il fut créé peu de maréchaussées ; le peuple Français jouissait alors d'une paix profonde, il recueillait le fruit de l'administration sage, économe et bienfaisante de Sully et de Henri IV, il *mettait la poule au pot.*

Nous avons vu combien était médiocre la solde des maréchaussées de 1514 à 1547 (N° 5) ; de cette époque à 1632, elle s'accrut progressivement : ces augmentations furent presque toujours provoquées par les peuples, leurs gages étant disproportionnés à leurs besoins, *les maréchaussées étant continuellement à cheval, avec beaucoup de frais et de dépens, lesquels ils ne peuvent supporter au moyen de leur peu de gages* (1).

Les maréchaussées étaient rétribuées inégalement, mais en balançant leurs gages entre eux, nous trouvons qu'un prévôt recevait environ 800, un lieutenant 600, un archer 200 liv.

Le marc d'argent, en prenant la moyenne de sa valeur de 1547 à 1632, valait 17 liv. 2 s. 8 den.

---

(1) Ordonnance, 1594.

Depuis 1587, les montres des maréchaussées ne furent plus faites comme le prescrivait l'édit de 1549, par les receveurs généraux et particuliers, sur celles établies par les baillis, sénéchaux et juges présidiaux; on avait senti que des hommes sans expérience des armes, n'étaient pas faits pour constater la situation militaire d'un corps; pour arrêter les abus qui résultaient d'un tel état de choses, en mars 1586, on créa des commissaires et contrôleurs aux montres, *personnes capables et expérimentées en fait de guerre, probité et suffisance requise en tel cas*, pour faire les montres des compagnies des maréchaux, vice-baillis, et vice-sénéchaux, avec pouvoir de reconnaître, *si elles étaient complètes*, du nombre d'officiers et archers qui devaient les composer, si elles étaient armées, montées et équipées convenablement, et de *suffisance et expérience*, *porté par les ordonnances*, enfin, de régler et de juger tous les différens qui pouvaient intervenir entre les officiers des maréchaussées et leurs archers, à l'occasion de leur solde; ces montres ou revues, établies ainsi, étaient soldées par des receveurs et payeurs des maréchaussées, qui eux-mêmes touchaient des receveurs des tailles les deniers destinés au paiement desdites revues.

Ces receveurs et payeurs furent créés, cette même année 1586, et établis dans chaque juridiction des prévôts des maréchaux, vice-baillis, vice-sénéchaux, et lieutenans criminels de robe-courte, ils remplacèrent les receveurs généraux et particuliers, qui *payant fort tardivement*, avaient donné lieu à des plaintes aussi bien fondées que multipliées (1); en 1609, une ordonnance renouvela ces dispositions.

En 1721, un arrêt du conseil ordonna que les montres des maréchaussées fussent faites de trois mois en trois mois, sur les revues des prévôts généraux, assistés de l'intendant, et visées par lui ou par son subdélégué.

En 1729, ces revues eurent lieu tous les quatre mois, elles étaient faites par des commissaires des guerres; c'est alors qu'il fut établi des contrôles pour toutes les compagnies des maréchaussées (2).

Outre leurs gages, les maréchaussées jouissaient encore, comme nous l'avons vu, de quelques avantages que leur assurait certains priviléges, et de quelques bénéfices autorisés par des ordonnances.

Depuis 1547, le peu d'importance de ces bénéfices, fut faiblement accru d'une indemnité de trente francs, qui leur était allouée, quand ils arrêtaient un déserteur à l'intérieur, et de soixante pour ceux à l'extérieur (3), elles recevaient éga-

---

(1) Ordonnance, 1586.

(2) Ordonnance, 30 décembre 1739.

(3) Ordonnances, 1666, 1701; règlement, 1678.

lement trente francs pour tout militaire arrêté à deux lieues du grand chemin de l'étape (1). En 1786, cette prime fut portée à cinquante francs pour tout déserteur (2).

En 1553, un créancier ayant fait saisir les gages et les équipages d'un officier de maréchaussée, Henri II ordonna que main-levée de cette saisie fût donnée, et qu'à l'avenir pareilles saisies ne fussent exécutées sinon pour vente d'armes, chevaux, ou dépenses de bouches, *lui ôtant par là les moyens de s'employer en sa charge, ce qui importe au service de sa majesté, et du public* (3), cette bienveillance personnelle et accidentelle, devint générale en vertu des déclarations de Henri IV, en 1603 et 1604.

Les maréchaussées se pourvoyaient d'armes elles-mêmes, les prévôts faisaient des retenues sur la solde des archers pour leur entretien, celui de la buffleterie et des casaques de livrée (4).

En 1728, cette administration fut arrachée aux prévôts: n'ayant eu pour guides dans sa direction que leur volonté, ces officiers en abusèrent, comme il est d'usage; depuis ce temps, elle fut soumise à des règles fixes.

---

(1) Ordonnance, 1716.

(2) Ordonnance, 1786.

(3) Ordonnance, 1553.

(4) Règlement des maréchaux, 20 novembre 1611.

Jusqu'en 1720, les sayes et les hoquetons firent la principale partie de l'équipement des maréchaussées, qui étaient fort disposées à ne pas s'en revêtir, plusieurs fois il fallut les y contraindre, *aucuns des lieutenans et archers ne voulant obéir à ses commandans, porter les sayes et hoquetons de livrée* (1).

La *saye, saie* ou *seguin*, était un vêtement qui s'attachait au bas de la cuirasse, il couvrait la cuisse, et soutenait l'épée.

Le *hoqueton* ou *casaque militaire*, était ce qu'on appelait originairement la *jacque* ou *hugue de brigandine*; c'était une espèce de justaucorps, qui venait jusqu'au genou, il était piqué au moins de vingt-cinq, au plus de trente toiles usées et déliées, revêtu d'un cuir de cerf, et d'une doublure à l'avenant. Coquillart, poète français du quinzième siècle, la décrit ainsi :

C'étoit un pourpoint de chamois,
Farci de boue sus et sous.
Un grand vilain jacque d'anglois
Qui lui pendoit jusqu'aux genous.

La casaque était attributive et particulière aux archers de la maréchaussée (2).

(1) Edit, 1551.
(2) Arrêt, 11 janvier 1666.

Une ordonnance de Henri III, en 1575, fixait le prix de la saye de l'archer à dix écus.

En 1584, une autre ordonnance du même roi, réglait ainsi l'armement d'un archer: *un armet ou bourguignote, un bon corps de cuirasse, avant-bras ou brassarts, tassetes et cuissots, avec une bonne et forte lame estoc, et espèce d'armes, et un bon cheval de service.*

En 1576, les états de Blois donnèrent aux *casaques* ou *hoquetons* le nom de *robe longue;* ces *robes* ou *casaques*, étant beaucoup plus longues que l'armure, dont la principale pièce était la *cuirasse*, ces robes se mettaient par dessus cette arme.

Chaque compagnie des prévôts des maréchaux portait ces *robes*, *casaques* ou *hoquetons* à la livrée de son chef, ayant d'un côté ses armes, de l'autre, celles du roi, surmontées d'une L couronnée (1), parfois ces hoquetons étaient brodés.

En 1631, sur le fait *de plusieurs mutineries et séditions arrivées dans quelques villes, et que les officiers de justice n'ont pas assez de force pour s'opposer à de telles violences*, Louis XIII, dans l'espérance d'accroître les moyens de répression, attribua la qualité de che-

---

(1) Ordonnances, 1629, 1728, 1749; édit, 1659, 1704; arrêt du conseil, 1640; règlement, 1611.

valiers du guet aux officiers des maréchaussées, et aux archers le droit d'exploiter, comme les huissiers à cheval du Châtelet de Paris, par tout le royaume, sans néanmoins pouvoir se soustraire, sous aucun prétexte, de l'obéissance qu'ils devaient à leurs prévôts, et sous l'obligation de continuer de prêter en leurs mains, le serment auquel ils étaient obligés (1).

Jusque là les offices d'archers et de sergens royaux n'avaient pu se cumuler (2); ce droit d'exploiter fut expliqué en 1639, il comprenait le pouvoir de *priser, vendre meubles partout le royaume, tout ainsi que les autres maréchaussées, qui ont finances pour lesdites attributions* (3). Depuis 1631, plusieurs archers avaient été appelés à jouir de cet avantage.

Les archers ne pouvaient même exercer ce droit d'exploiter, si leurs provisions d'huissier ne leur étaient données par la grande chancellerie, qui seule avait celui de les leur accorder (4).

En 1633, ce même roi supprima la qualité de chevaliers du guet aux officiers des maréchaussées, il la rendit seulement facultative, en accordant

---

(1) Ordonnance, 1631.

(2) Arrêt du parlement, 23 janvier 1623.

(3) Edits, 1639, 1641; arrêt du grand conseil, 1668.

(4) Déclaration du roi, 1681; arrêt de la chambre souveraine, 1688.

aux officiers et aux exempts, le droit d'acheter les offices de chevaliers, lieutenans et exempts du guet, créés pour *faire garder et observer la police dans la ville, et l'union et la paix entre les habitans d'icelle*, et de les exercer séparément avec leurs offices de maréchaussées; quant aux archers, ils furent maintenus dans le droit d'exploiter, qui leur avait été accordé en 1631, *en considération de la finance qu'ils avaient payée:* on y joignit l'avantage de pouvoir vendre leurs offices d'archer ou d'huissier, conjointement ou séparément. Un changement aussi rapide, dans une mesure qui paraissait avoir été dictée par des circonstances extraordinaires, était fondé *sur le peu de profit et d'émolumens qu'il y a aux charges des maréchaussées, et ne leur ayant été attribué aucuns gages auxdits offices de chevaliers, de lieutenans et exempts dudit guet, joint aussi les oppositions de plusieurs officiers, et l'impossibilité de vaquer à la campagne, faire le guet, et garder les villes, ne les obligeant qu'au service qu'ils doivent comme maréchaussées* (1).

Jusque là les places d'archers, de prévôts, n'étant pas des *offices* (2), ne pouvaient se vendre ni se résigner, ni en admettre les démissions; aux

(1) Ordonnance, 1633.

(2) Ordonnances, 1554, 1559, 1573.

termes des ordonnances antérieures, les archers étant commissionnaires et non officiers.

Quand un archer avait vieilli au service du roi, et qu'il était incapable de continuer son service, s'il se démettait au profit de son fils, de son gendre ; les cours admettaient assez facilement ces résignations, mais dans ces cas seulement.

En effet, le 7 septembre 1622, Jean Cosmieu, archer à Beauvais, étant malade, vendit sa place à André Aste, moyennant cinq cents francs, et cent francs par an, durant sa vie.

Ayant créé en 1640, dans chaque juridiction, un premier archer, pour qu'il y eût un chef en l'absence des officiers et exempts, et afin que la discipline ne souffrît pas de cet éloignement, il lui fut accordé le droit d'exploiter, tel qu'il l'avait été, en 1631, aux archers.

Dédommager les maréchaussées des dangers qu'elles couraient en faisant leur devoir, et leur fournir un moyen de suppléer à la médiocrité de leurs gages, furent bien aussi des motifs de ces avantages ; mais le plus décisif, celui qu'un intérêt général et supérieur semblait commander, c'était de pouvoir éviter d'employer aux captures des prévenus et à leur instruction, des huissiers et sergens des lieux où ils résidaient, *que trop souvent favorisaient l'évasion des délinquans* (1).

(1) Arrêt du grand conseil, 1668.

Après quatre-vingt-dix ans d'abus de tout genre, fruits de cette réunion de fonctions si peu compatibles, et si peu faites surtout pour fixer la considération, force principale cependant d'une arme qui agit plus par la puissance morale, que par celle des armes. Cet abus souvent signalé par les parlemens, qui avaient déclaré l'accumulation de ces fonctions *nuisibles et incompatibles*, fut détruit par Louis XV en 1720.

Les contestations qui s'élevaient fréquemment entre les prévôts provinciaux, leurs lieutenans, et les lieutenans criminels de robe-courte, vice-baillis, et vice-sénéchaux, le peu d'assistance qu'ils se prêtaient entre eux, même quand des circonstances importantes où la sûreté de l'état eût dû les y contraindre, détermina Louis XIII, en 1641, à créer huit prévôts généraux, pour les généralités les plus considérables de la France, et à l'instar de ceux qui l'avaient été déjà en 1603 et 1604, dans les provinces de Normandie, Bretagne et Limousin, par les mêmes motifs.

Ces prévôts généraux furent établis pour être les chefs et capitaines généraux de tous les prévôts provinciaux et particuliers, vice-baillis, vice-sénéchaux, lieutenans criminels de robe-courte, et chevaliers du guet, offices que pouvaient acquérir, comme nous l'avons précédemment dit, les officiers de maréchaussées (1).

(1) Ordonnance, 1633.

Ils avaient sur ces officiers l'autorité supérieure, avec pouvoir de leur faire faire montre générale et particulière, de veiller à ce qu'ils vécussent entre eux en bonne harmonie, qu'ils fussent bien montés, et dans le cas de bien servir; qu'ils s'acquittassent fidèlement de leurs charges, qu'ils reçussent les plaintes qu'on pourrait avoir à porter contre eux; enfin, de faire tout ce qui leur paraîtrait le plus à propos, pour qu'il *n'arrivât cabales, troubles, mutineries, révoltes et séditions quelconques* (1).

Cette création blessait trop les intérêts des prévôts provinciaux, vice-baillis, vice-sénéchaux, et les lieutenans de robe-courte, pour qu'ils n'élevassent pas la voix contre cette mesure; mais Richelieu trop habile pour ne pas saisir avec empressement l'occasion qui lui fournissait le moyen d'être favorable aux peuples, en augmentant la force de l'autorité royale, la fit taire et obéir (2).

Un règlement des maréchaux vint fortifier et développer tous les principes posés, par la création des prévôts généraux en 1641, en déterminant d'une manière toute particulière l'étendue, l'exercice et la juridiction des prévôts généraux, et confirmant les maréchaussées dans tous leurs

(1) Ordonnance, 1641.

(2) Arrêt du conseil, 30 juin 1644.

anciens priviléges, sinon qu'il réduisit l'exemption des impôts à trente francs pour les exempts, et à quinze pour les archers. Les exempts, archers et greffiers des maréchaussées, qui faisaient le commerce, tenaient hôtelleries et fermes, devaient payer les impôts (1).

Les prévôts généraux, leurs lieutenans et exempts, portaient le bâton de commandement avec la pomme d'ivoire, excepté au Louvre, et dans les lieux où se trouvaient les officiers des gardes du roi, quand ils étaient de service près de sa majesté (2).

Henri IV attribua aux prévôts et à leurs lieutenans le titre de conseillers du roi (3), postérieurement ils furent autorisés, *encore qu'ils ne fussent d'extraction noble, à prendre la qualité d'écuyers* (4).

Depuis 1595, le roi seul nommait aux charges d'officiers des maréchaussées; à lui seul il appartenait de créer des officiers *qui eussent puissance de vie et de mort sur ses sujets, joint aussi que l'autorité de notre justice ne pourra recevoir*

---

(1) Règlement du 9 septembre 1644; arrêt du conseil, 24 septembre 1644; arrêts, 1642, 1647.

(2) Edits, 1641, 1704.

(3) Déclaration du roi, 1599.

(4) Edit, 1693; arrêt du conseil, 14 janvier 1627; déclaration, 1692.

que tout avantage, quand lesdits lieutenans seront pourvus par nous à nos charges (1).

Par une insigne faveur, cette grâce avait été accordée au prévôt de la connétablie, il la conserva jusqu'en 1756; mais par tolérance, effet d'une bienveillance toute particulière, momentanée, rare, et sans constituer un droit, il fut parfois permis à quelques prévôts, notamment à ceux des monnaies, de présenter des candidats pour les emplois vacans d'officiers sous leurs ordres (2).

Dans les états de Bourgogne, les gouverneurs ayant toujours joui de la prérogative unique de nommer les prévôts de leur gouvernement, Louis XIV leur confirma ce privilége, sur les réclamations du grand Condé; mais Louis XV le restreignit au droit de présentation de candidats (3).

Les maréchaux de France avaient à leur nomination les prévôts, lieutenans, exempts et archers, *qui servent de toute ancienneté, près de leur personne et à leur suite* (4). (N° 6).

Cette maréchaussée n'existait, pour ainsi dire,

---

(1) Edit, 1606; arrêt du conseil, 23 mai 1640.

(2) Ordonnance, 1373; arrêts du conseil, 1592, 1606, 1640, 1716; déclaration du roi, 1772; ordonnance, 1778.

(3) Arrêts du conseil, 1614, 1680, 1694; édits, 1721, 1722.

(4) Edit, 1720.

que de nom, elle ne faisait aucun service, ses membres même n'étaient pas réunis ; souvent ces places étaient données au nom des maréchaux, en vertu de leur autorisation, véritables sinécures, devenues le patrimoine exclusif des priviléges ou de la faveur.

Les maréchaussées avaient des titres, un rang, des préséances ; ce domaine immense des vanités produisit son fruit : des divisions, des scènes même scandaleuses, eurent lieu entre elles et les autres fonctionnaires publics, du fait, d'une délimitation mal assignée, ou de prétentions plus ou moins exagérées, et presque toujours ridicules des contendans, dont le caractère venait s'affaiblir, dans ces misérables combats des puérilités humaines ; lorsqu'enfin l'autorité royale et les cours souveraines firent cesser ces scandales publics, en fixant d'une manière précise les prérogatives de ce corps, qui jusque là n'avaient eu pour bases que des souvenirs.

Les prévôts généraux, particuliers, vice-baillis, vice-sénéchaux, et lieutenans criminels de robe-courte avaient rang et séance dans la chambre du conseil, l'épée au côté ; les prévôts généraux après le président, et les prévôts provinciaux particuliers, vice-baillis, vice-sénéchaux, et lieutenans criminels de robe-courte, dans les siéges présidiaux, immédiatement après le doyen des conseillers, qu'il présidât ou non, et dans les autres siéges royaux avant les conseillers (1).

Dans les assemblées publiques et particulières, ils avaient le même rang, lorsque les officiers présidiaux ou siéges royaux, n'étaient point en corps; quand ils étaient en corps, les officiers des maréchaussées avaient rang et séance à leur gauche, dans les lieux où il n'y avait pas d'autre compagnie qui fût en possession de ce rang (2).

Les prévôts généraux et les officiers des maréchaussées avec leurs archers, les archers à côté des huissiers du siége, prenaient rang aux processions solennelles, les jours de Pâques-fleuri, de la Fête-Dieu, et aux *Te deum* qui se chantaient pour le roi, à la gauche, et vis-à-vis du présidial (3).

Dans l'église, les officiers du présidial se plaçaient du côté de l'évangile, et ceux des maréchaussées, du côté de l'épître dans le premier banc (4).

Quoique ces dispositions fussent celles qui réglassent les rangs et les préséances entre les ma-

---

(1) Déclaration, 1599; règlement, 1618; édit, 1644; déclaration, 1720.

(2) Déclaration, 1599.

(3) Arrêts du grand conseil, 1645, 1648, 1688.

(4) Arrêts du grand conseil, 1662, 1688; arrêt du parlement, 7 avril 1702.

réchaussées et les autres fonctionnaires, néanmoins près de quelques siéges royaux et présidiaux, elles en conservèrent de plus distingués, en vertu de règlemens ou d'arrêts qui leur en assurèrent le privilége (1).

Louis XIII, poursuivait alors son système de rigueur, exercé en 1627, contre les duellistes, notamment par les condamnations à mort de François de Montmorency, de Boutteville, et Rosemadec-des-Chapelles. Il voulait obtenir ce que n'avaient pu ses prédécesseurs, sa sévérité fit plus d'effet sur les esprits que tous les édits qu'on avait précédemment rendus à ce sujet. Sur la fin de son règne, cette sévérité s'était relâchée, et la minorité de Louis XIV, agitée par les intrigues de la fronde, n'avait fait que favoriser une tolérance trop bien secondée par un préjugé aussi fatal qu'enraciné dans les esprits. Peu de temps après la mort de Coligny, tué dans un combat singulier par le duc de Guise, en 1643, Louis XIV rendit de nouveaux édits qui renouvelaient la sévérité des anciens, en attribua l'exécution aux maréchaussées, comme moyen d'obtenir une prompte justice, et de *réprimer la licence effrénée des duels et rencontres* (2). Il créa en

(1) Déclaration du roi, 1693; arrêts, 1696, 1701.

(2) Edits, 1647, 1651.

outre, pour en assurer l'exécution, des huissiers sergens royaux, et d'armes, pour toutes les juridictions du royaume, spécialement destinés et commis à cet effet. Ces huissiers succédèrent à des officiers qui, jusque-là, n'avaient été que temporaires, et eux-mêmes, en 1693, furent remplacés par des lieutenans des maréchaux de France, titre non-seulement respectable par l'autorité qu'il imprimait à ceux qui en étaient revêtus, mais qui en imposait d'autant plus, que représentant les maréchaux, fort jaloux de leur pouvoir, ils trouvaient sous le manteau d'un tel nom, un appui aussi fort que solide; en témoignage, nous pouvons citer ce gentilhomme qui, le 14 juillet 1746, fut condamné à trois ans de galère, pour s'être révolté, et avoir proféré des injures contre un simple archer-garde, qui lui signifiait une sentence de la connétablie.

A défaut d'exécuter les ordres de ces officiers, les maréchaux pouvaient mander les parties à Paris, établir garnison chez les prévenus, et taxer les officiers ou archers d'après les réglemens (1).

Les frais de capture des duellistes étaient fixés à quinze cents francs (2).

Les officiers des maréchaussées étaient tenus

---

(1) Arrêt du parlement de Paris, 16 janvier 1660.

(2) Réglemens, 1624, 1643, 1651, 1653.

d'exécuter les ordres des lieutenans des maréchaux, quand ils les leur donnaient par écrit (1).

La création des prévôts généraux, n'eut pas seulement l'avantage de donner plus de force aux maréchaussées en centralisant l'autorité dans les chefs, et en lui donnant cette unité d'action, sans laquelle il ne peut y avoir ni rapidité ni vigueur dans le commandement comme dans l'exécution; mais elle rompit encore l'indépendance des prévôts provinciaux, particuliers et diocésains, qui, nommés, révoqués et payés selon le bon plaisir des états et des diocèses, se trouvaient, du fait de l'instabilité de leurs charges, sans pouvoir nécessaire, pour faire respecter leur caractère, hors d'état de protéger les peuples, contre les entreprises de la malveillance, et très-souvent abusant de leur autorité (2).

Jusqu'ici, nous avons vu comment dès l'aurore de la monarchie, nos rois pour assurer la sécurité de leurs peuples, avaient créé un corps militaire chargé de la police des gens de guerre, puis de la répression des crimes commis par les citoyens; enfin, comment de ce corps faisant une magistrature armée, ils l'avaient rendue puissante, essentiellement surveillante, et d'autant plus ré-

(1) Règlement, 10 novembre 1723; lettre du maréchal de Richelieu, 6 juillet 1782.

(2) Edit, mai 1696.

pressive, que disséminée sur tout le territoire Français, elle y comprimait la malveillance par la crainte salutaire d'une justice aussi prompte qu'éclatante.

Nous avons pu remarquer aussi comment ce pouvoir, resserré dans des limites étroites et invariables, ne pouvait les franchir sans s'exposer à des châtimens sévères, dont le rang ni la naissance ne mettaient point à l'abri.

De ces temps jusqu'à la fin du seizième siècle, une foule d'actes montrent combien les peuples eurent à s'applaudir de voir planer au-dessus d'eux une autorité assez puissante pour les protéger contre les débordemens des gens de guerre, des vagabonds et des *malvivans*, produits impurs des guerres étrangères et civiles, qui si long-temps ravagèrent notre patrie ; et ils nous font voir aussi, par nombre de punitions éclatantes d'officiers et d'archers des maréchaussées, que ce n'était pas en vain qu'avait été fixée l'étendue de leurs attributions.

Enfin, l'histoire de ces siècles nous signale, que si ce pouvoir avait été créé fort, il le fut pour le bonheur des peuples; qu'une nation grossière encore, ne pouvait être régie comme celle dont la civilisation a adouci les mœurs et les habitudes; mais que malgré sa force il n'avait jamais impunément usurpé l'arbitraire; que le prévenu comme le coupable y avait trouvé toutes les garanties dues à l'humanité, à l'infortune et à la justice; mais sans faiblesse, et sans oubli pour la société, à qui il est dû protection et assistance.

Depuis ces premiers âges, nos expéditions guerrières, lointaines et aventureuses, nos fréquentes descentes militaires en Italie, nos alliances dans ce beau climat, d'où nous rapportâmes le goût du commerce et des arts, et dont nombre d'habitans franchirent les Alpes pour venir les exercer en France et nous les enseigner, avaient répandu chez nous une lumière nouvelle, dont la cour ressentit la première les heureux effets. Nos rois mirent à profit ces dispositions, pour imprimer à leur administration un mouvement plus analogue à cette nouvelle vie sociale et à la situation où se trouvait placé un royaume, qu'animait d'une existence plus vive les arts et l'industrie.

Les maréchaussées, ce corps si important par l'étendue de ses fonctions, la nature de ses attributions, sa force et son mode de cantonnement sur toute l'étendue du royaume, ressentit des premiers les heureux effets de ces dispositions. De sages ordonnances brisèrent la trop grande indépendance des officiers qui étaient à la tête de la maréchaussée, en les soumettant à une autorité unique, d'où naquit un régime militaire plus nerveux, une administration intérieure mieux entendue, une force matérielle plus considérable, et une règle dans la comptabilité, qui joignit à l'avantage d'assurer à l'inférieur le prix de ses services, et peut-être de son sang, celui de garantir l'Etat de dilapidations. Des règlemens clairs et sévères déterminèrent d'une manière précise les limites du pouvoir; la justice prévôtale reçut plus d'éclat sans rien perdre de sa force, parce que l'instruction ayant fait des progrès, on fut non-seulement à même d'accroître le nombre des magistrats appelés à former ces tribunaux, mais on put les composer d'hommes qui réunissaient les lumières à la probité; et enfin, les prévenus traduits devant ces tribunaux, n'y arrivèrent plus que par des voies tracées par la raison et l'humanité, les accusés ayant tous les moyens et le temps nécessaire de produire leur défense, sans qu'il pût être apporté dans l'instruction des affaires des retards préjudiciables à la sûreté publique.

Ce bienfait, qui fut général, tourna particulièrement surtout à l'avantage de quelques provinces, qui par là se trouvèrent dégagées d'obligations aussi onéreuses qu'incommodes, qu'elles avaient contractées dans des temps éloignés et sous l'empire de circonstances difficiles, auxquelles elles avaient été contraintes d'obéir.

Voilà comme cette magistrature militaire sut, en assurant l'exécution des lois et défendant les citoyens des excès des misérables, et de la violence des hommes audacieux, entreprenans ou puissans, devenir le plus ferme appui de l'autorité royale, et le garant le plus solide des libertés publiques.

Fidèle à son attribution, nous la verrons dans nos temps modernes, comme dès son berceau, non-seulement digne de l'attente qu'on en avait conçue, mais nourrie des principes de son institution, maintenir l'ordre jusqu'aux temps de la plus cruelle anarchie, et revenir au retour de ses souverains légitimes, leurs plus fidèles et dévoués serviteurs, et l'un des corps chargé de l'exécution des lois, le plus rigoureusement exact à n'en jamais dépasser les limites.

De 1632 à 1720, les maréchaussées furent beaucoup augmentées; plus on avançait dans la civilisation, plus on appréciait leur nécessité, et plus les peuples élevaient la voix pour invoquer leur appui; aussi, nos rois fidèles à ce système, qu'il était sage de laisser une nation exprimer ses besoins, et habile à les satisfaire, s'empressaient-ils de répondre à des vœux qui, en assurant la sécurité de leurs sujets, accroissaient leur autorité, sans imposer de nouvelles charges à leur épargne particulière.

Dans cette longue période, les prévôts particuliers, les lieutenans, les exempts et les archers, reçurent de très-faibles augmentations de solde; toute la faveur se fixa sur les prévôts généraux, auxquels il fut attribué annuellement de trois mille six cents francs, à six mille. A cette époque, le marc d'argent s'était élevé de vingt à trente francs.

Pendant cet espace de temps, nous trouvons, pour la première fois, des ordonnances de la connétablie, qui taxent les maréchaussées pour des services extraordinaires, ou pour l'exécution de ses propres ordonnances.

En 1649, un archer fut envoyé dans une commune, sur la demande de ses habitans, pour les préserver des gens de guerre, à la charge de lui donner cinq francs par jour.

En 1664 et 1667, deux autres archers furent taxés à dix francs, pour des expéditions de ce genre, à la charge de nourrir leurs chevaux.

En 1697, un exempt le fut à vingt francs, pour des causes de même nature, et aux mêmes conditions.

Pendant quatre-vingt-huit ans, malgré la progression croissante et considérable de tous les objets de consommation, la solde des maréchaussées, à l'exception des prévôts généraux, était restée stationnaire, n'ayant reçu d'autre augmentation qu'une attribution de cent francs pour tout homme condamné à la peine capitale, arrêté par elle; ses priviléges et exemptions avaient été confirmés de nouveau; mais nous avons vu précédemment que, plutôt honorifiques que lucratifs, ils étaient d'un faible auxiliaire pour leurs besoins.

La rigidité de discipline, qui dans tous les

temps avait maintenu ce corps dans la ligne du devoir, continua aussi durant cette époque de s'y conserver, son action s'exerçant avec autant de justice que de fermeté, et sans distinction de grades et de personnes.

Le 13 avril 1653, au siége d'Etampes, un prévôt fut condamné à mort, pour *avoir homicidé durant le siége un soldat du régiment d'Enghein, qui tenait contre le roi, et lui avoir saisi de l'or qu'il avait dans sa chaussure.*

En 1665, les maréchaux rendirent une ordonnance qui commettait un exempt de la connétablie, pour conduire un lieutenant de la maréchaussée de Lyon, et son exempt, dans l'hôtel d'un gentilhomme, pour lui demander pardon des mauvais traitemens et violences qu'ils avaient faits à son domestique.

Et, en 1666, le prévôt général de connétablie, le sieur Regnauld de Belvèdère, fut condamné à mort, par arrêt du grand conseil, pour avoir commis plusieurs crimes.

Pendant les treize cents années que nous venons de parcourir, les maréchaussées éprouvèrent peu de changemens dans leur organisation militaire, leur armement et leur administration intérieure, et nous ne remarquons, dans cette longue période de variations importantes, que celle de 1060, qui fit substituer au nom de compagnies d'ordonnance qu'elles portaient, celui de maréchaussée ; et en 1536, cette extension de juridiction, qui eut tant d'influence sur la tranquillité publique, et qui contribua si puissamment à cette importance qu'elle acquit et qu'elle conserva toujours depuis, en dépit des temps et des révolutions.

Dans le chapitre suivant, nous verrons Louis XV mettant à profit les connaissances militaires acquises durant *le siècle* de gloire du règne du grand roi, donner aux maréchaussées une organisation plus parfaite encore, et ainsi leur assurer pour toujours ce rang et cette supériorité, légitime apanage d'un corps ayant à sa tête tous les maréchaux de France, et pour but spécial de veiller au maintien de l'ordre et de l'assurer.

CHAPITRE II.

Suppression de toutes les maréchaussées. — Création de compagnies de maréchaussées dans chaque généralité; — leur organisation; — leur solde. — Prévôt général; — son autorité. — Suppression de l'ancienne armure. — Uniforme qui lui est substitué. — Devoirs des prévôts. — Des lieutenans. — Des maréchaussées. — Maréchaussées des provinces de Bourgogne. — Traité avec le roi de Pologne, duc de Lorraine et de Bar. — Réorganisation des maréchaussées. — Substitution du nom de cavalier à celui d'archer. — Règlement pour l'organisation et le service intérieur et extérieur des maréchaussées. — Solde. — Extension donnée aux règlemens antérieurs des maréchaussées. — Solde. — Casernement. — Création de deux cents brigades de maréchaussées. — Réunion des maréchaussées de la Lorraine à celles de la France. — Création de la maréchaussée de l'île de Corse. — Suppression de cette maréchaussée. — Création de la maréchaussée d'Avignon; — réunion de cette maréchaussée à celle de la Provence. — Création de la maréchaussée des chasses. — Discipline maintenue par le tribunal des maréchaux. — Indemnités et vacations pour le service extraordinaire des maréchaussées. — Suppression de la prévôté de l'hôtel; — sa réorganisation. — Réductions et suppressions dans les maréchaussées. — Maréchaussées de Bourgogne. — Règlement pour l'organisation et le service des maréchaussées. — Solde. — Réclamations contre les suppressions des maréchaussées.

— Rétablissement de ces maréchaussées. — Règlement pour les maréchaussées. — Maréchaussée de l'Ile-de-France.

La multiplicité des compagnies de maréchaussées, avec création d'offices sous différens titres, faisant souvent naître des contestations, la médiocrité des gages attribués aux archers, les ayant obligés de s'attacher à d'autres emplois, et du concours de ces circonstances, le service ne se faisant plus avec la même exactitude, et un grand relâchement s'étant introduit dans la discipline, Louis XV crut devoir supprimer toutes les anciennes maréchaussées, et en créer de nouvelles, qui, soumises à un régime uniforme, et payées plus convenablement, seraient plus à même de mieux remplir leur devoir, en prêtant un appui plus énergique aux citoyens, et donnant à l'autorité des moyens plus efficaces, pour faire exécuter ses ordres avec exactitude et célérité.

En vertu de ces dispositions, en mars 1720, ce roi supprima donc toutes les charges des prévôts généraux et provinciaux des maréchaux, vice-baillis, vice-sénéchaux, lieutenans criminels de robe-courte, lieutenans en résidence, assesseurs, procureurs, greffiers, exempts, archers, payeurs de gages, commissaires et contrôleurs; sauf, néanmoins, le prévôt général de la connétablie, et maréchaussée de France, celui de l'Ile-de-France, le lieutenant criminel de robe-courte de Paris, le prévôt des monnaies, et les officiers et archers de leurs compagnies.

Le remboursement de la finance des emplois d'exempts, d'archers et des officiers de robe-longue fut ordonné; les charges des prévôts et lieutenans furent conservées, et leur restèrent à titre d'offices avec survivance.

La juridiction prévôtale fut conservée dans toute son intégrité; quant aux archers, on maintint l'ordonnance de 1716, qui réduisait leur droit d'exploiter aux cas prévôtaux seulement.

Ces compagnies supprimées furent remplacées, dans chaque généralité du royaume, par une compagnie de maréchaussée (N° 7).

Toutes les maréchaussées réunies formèrent un effectif de deux mille huit cents hommes.

Il fut créé dans chaque résidence un assesseur, un procureur du roi et un greffier, pour suivre les affaires pendantes aux cours prévôtales.

Les exempts, brigadiers, sous-brigadiers, archers et trompettes furent distribués par brigade.

Les prévôts généraux et leurs lieutenans furent créés et établis, comme nous l'avons dit, en titres d'offices formés et héréditaires; ils prirent leur attache des maréchaux de France, étant reçus en la connétablie et maréchaussée de France, au siége de la Table de marbre du palais à Paris, selon l'usage ancien, et qui s'était constamment pratiqué.

Ils n'étaient payés qu'à dater de leur réception audit siége (1).

Ces places ne furent données qu'à des personnes capables et expérimentées en fait des armes, et ayant au moins quatre ans de service.

Reçus à la connétablie, ces officiers étaient obligés de se présenter aux parlemens et autres cours supérieures pour y prêter serment, leurs provisions étaient enregistrées aux greffes desdites cours, sans frais et sans être sujets, néanmoins, à aucune juridiction de leur part (2).

Les sujets pour les places d'exempts, brigadiers, sous-brigadiers, archers et trompettes, étaient proposés par les prévôts généraux, et les commissions expédiées par le secrétaire d'état de la guerre.

Ces compagnies furent déclarées du corps de la gendarmerie, sous le commandement des maréchaux de France.

La qualité d'écuyer fut attribuée aux prévôts et à leurs lieutenans, pour le temps qu'ils posséderaient leurs charges.

Ces officiers, les exempts, brigadiers, sous-brigadiers et archers furent exempts de la collecte, du logement des gens de guerre, de tutelle, curatelle et autres charges publiques.

---

(1) Arrêts du conseil, 1644, 1684.

(2) Arrêt du conseil d'état, 8 janvier 1724.

Cependant les prévôts, leurs lieutenans et les exempts restèrent sujets à la capitation, qui fut fixée pour les prévôts, sur le pied de lieutenant-colonel; les lieutenans, sur celui de capitaine, et les exempts supportèrent celle de lieutenant en pied de cavalerie (1).

Gages et solde de la maréchaussée, en 1720.

OFFICIERS, S.-Offic. et Archers de maréchaussées.	OFFICES.	GAGES.	SOLDE.	*Observat.*
Prévôts généraux. . .	40000	1200	2800	Le marc d'argent valait alors 120 l. Ce taux exorbitant était dû au bouleversement des finances, en proie alors au système de Law. En 1726 il tomba à 40 liv.
Prévôts généraux. . .	30000	900	2190	
Lieutenans.	15000	450	1050	
Exempts.	»	»	700	
Brigadiers.	»	»	600	
Sous-brigadiers. . . .	»	»	550	
Archers et trompettes.	»	»	500	

Il était retenu tous les trois mois sur la solde des exempts, brigadiers et archers des maréchaussées par les trésoriers généraux, pour l'habillement, armement et équipement, aux exempts

(1) Ordonnance, 17 décembre 1721.

vingt francs, aux brigadiers quinze, aux sous-brigadiers douze, et aux archers dix (1).

En 1756, les masses, produits de ces retenues, furent réunies pour ne former qu'un seul et même fonds, pour toutes les compagnies des maréchaussées, destinées à faire face au paiement de l'habillement et de l'équipement, à fur et à mesure des besoins; cette fourniture générale fut donnée d'entreprise à un fournisseur général (2).

Les dépenses extraordinaires des prévôts généraux, lieutenans et exempts, dans les fonctions de leurs charges, étaient payées séparément, ils recevaient des gratifications proportionnées aux services qu'ils pouvaient rendre.

Outre leur solde, ces droits à des gratifications pour des services rendus, et les priviléges qui leur avaient été conservés, les bénéfices auxquels les maréchaussées avaient droit, s'étaient faiblement accrus de quelques amendes qui leur étaient attribuées, lorsqu'ils constataient certaines contraventions.

De ce nombre étaient les contraventions aux lois sur les gabelles, ou quand ils arrêtaient de faux-sauniers et faux-tabatiers (3), celles à la dé-

(1) Ordonnance, 29 octobre 1728.

(2) Ordonnance, 1756.

(3) Déclaration des fermiers généraux, 8 avril 1722; arrêts du conseil d'état, 30 octobre 1736; 4 juin 1738.

claration du roi, des 14 novembre 1724, et 4 février 1786, qui fixaient à quatre chevaux le nombre de ceux qui pouvaient être attelés aux charrettes à deux roues, depuis le 1er octobre jusqu'au 1er avril, et à trois, depuis le 1er avril jusqu'au 1er octobre (1). Des indemnités leur étaient également dues, quand ils assistaient ou prêtaient main-forte aux officiers de justice des eaux, bois et forêts, ou qu'ils mettaient à exécution, conformément à l'ordonnance de 1669, les jugemens et ordonnances des grands-maîtres des tables de marbre, et de ceux rendus aux siéges des maîtrises et gruries, et autres juridictions des eaux et forêts (2), et en 1773, pour que les maréchaussées ne fussent pas retardées dans l'exercice de leurs fonctions, elles furent dispensées d'acquitter les droits de bacs, quand elles les exerçaient; quant aux indemnités qui leur étaient dues pour leurs vacations lorsqu'elles prêtaient main-forte, ou exécutaient les ordonnances du tribunal des maréchaux, elles étaient fixées par chaque jour, pour les prévôts, à quinze francs; pour les lieutenans, à sept francs dix sous; pour les exempts, à sept francs, les brigadiers à six, les sous-brigadiers à cinq, et pour les cavaliers à

(1) Arrêt du conseil d'état, 18 février 1744.
(2) Arrêt du conseil d'état, 18 avril 1723.

quatre; il leur était alloué trente sous, par chaque signification donnée dans la résidence, et leurs journées étaient comptées dix francs en été et huit en hiver (1).

Toutes les maréchaussées étaient payées de trois mois en trois mois, sur un nombre égal de revues faites par le prévôt général de chaque compagnie, en présence de l'intendant ou de ses subdélégués. Ces revues étaient visées par les magistrats des résidences des brigades, puis envoyées au ministre de la guerre, qui en faisait expédier un état qui servait à leur paiement.

Le prévôt général était, dans chaque généralité, chef de toute la maréchaussée; les lieutenans, exempts, brigadiers, sous-brigadiers et archers placés sous ses ordres, étaient tenus de se transporter partout où il le jugeait convenable.

Ces prévôts généraux pouvaient interdire leurs lieutenans, destituer les exempts, brigadiers, sous-brigadiers et archers, réduire leurs gages et même leur infliger des peines corporelles.

Les places de brigadiers et sous-brigadiers étaient données à l'ancienneté, dans certains cas; néanmoins, et pour quelques services extraordinaires, elles étaient un sujet de récompense.

(1) Ordonnance de la connétablie, 7 avril 1649; réglemens des maréchaux, 30 mars 1730; 21 avril 1735.

L'habit militaire remplaça l'ancienne armure, et un nouvel harnachement succéda à l'ancien.

Habillement, équipement et harnachement de la maréchaussée, en 1720.

VÊTEMENT, HARNACHEMENT ET ÉQUIPEMENT.	DÉTAIL DU VÊTEMENT, HARNACHEMENT ET ÉQUIPEMENT.
Justaucorps.	Drap bleu doublé de rouge, paremens rouges, boutons façon d'argent.
Aiguillette.	De soie blanche.
Chapeau.	Bordé argent.
Bandoulière.	De buffle de quatre pouces et demi de large, bordé d'un galon argent.
Ceinturon.	De buffle de deux pouces et demi de large, bordé d'un galon argent.
Manteau.	Bleu, avec paremens rouges.
Housse de cheval. . .	Drap bleu, avec un bordé et un galon de soie blanche.
Fourreaux de pistolet.	De même.
Bottines.	A boucles en cuivre; en 1756 on y substitua la botte molle.
Veste de chamois. . .	Drap de Sedan.
Culotte de chamois. .	De même.
Cocarde noire.	Elle ne fut adoptée qu'en 1756, sans doute parce qu'elle était portée par la gendarmerie dont faisait partie la maréchaussée.

VÊTEMENT, HARNACHEMENT ET ÉQUIPEMENT.	DÉTAIL DU VÊTEMENT, HARNACHEMENT ET ÉQUIPEMENT.
	En 1769, on lui substitua celle de basin blanc (1).
Signes distinctifs. . .	Chaque grade avait des signes distinctifs qui mettaient à même de les faire reconnaître, ce ne fut qu'en 1769 qu'on porta l'épaulette dans la maréchaussée.
Chevaux.	Ils devaient avoir la taille de ceux de dragons, c'est-à-dire, quatre pieds deux pouces au plus, ni plus bas de quatre pieds, pris depuis le dessous du fer jusqu'à la naissance des crins sur le garrot; ils devaient être à tous crins (2).

Depuis 1720 jusqu'à 1756, l'habillement, l'équipement et le harnachement éprouvèrent peu de modifications; cette année, on donna à la maréchaussée le surtout bleu; en 1769, on fit lier la queue des hommes avec une rosette noire, et celle des chevaux le fut avec un ruban en laine écarlate; en 1778, les culottes furent faites à pont-

(1) Histoire manuscrite de la Gendarmerie. (Bibliothèque de la guerre.)

(2) Ordonnance, 24 novembre 1691. (Code militaire de Briquet.)

levis, l'on adopta le porte-manteau bleu, bordé d'un galon de fil blanc, et l'on substitua le manteau de drap gris à celui de drap bleu, auquel on revint peu de temps après.

Les prévôts étaient tenus de faire annuellement trois tournées dans les lieux de résidence de leurs brigades; ces tournées avaient pour but, de reconnaître si les hommes sous leurs ordres remplissaient leurs devoirs, si les chevaux, équipages et armes étaient en bon état; il leur était spécialement recommandé de veiller à ce que les chevaux fussent de taille et de force à faire le service, que tous les hommes fussent montés, et qu'ils n'en louassent ni n'en empruntassent (1).

Ces revues étaient passées en présence des intendans ou de leurs subdélégués, et envoyées au secrétaire d'état de la guerre.

Les lieutenans, sur les ordres par écrit des prévôts, pouvaient prendre et conduire toutes les brigades d'une généralité, partout où le service le demandait, et pendant tout le temps que cet ordre déterminait; le prévôt était tenu de rendre compte de ce mouvement au sous-secrétaire d'état de la guerre.

Les lieutenans faisaient tous les mois, dans le

(1) Ordonnance, 16 juillet 1722.

chef-lieu de chaque brigade, la revue des maréchaussées sous leurs ordres ; ils étaient tenus de faire certifier ces revues, et d'en envoyer un double à l'intendant et au prévôt.

Il était défendu aux lieutenans, exempts, brigadiers, sous-brigadiers et archers, de sortir de leur résidence sans un congé écrit du prévôt.

Les greffiers tenaient écriture des plaintes, procès-verbaux de capture, informations et autres procédures; ces registres étaient présentés aux prévôts lors de leurs inspections.

Quand un prévôt marchait, il avait un trompette à sa suite : ce trompette portait la livrée du roi. Cinq inspecteurs généraux choisis parmi les prévôts, ayant chacun un arrondissement, étaient tenus d'y faire une tournée une fois par an; dans ces tournées, ils devaient examiner et vérifier si le service se faisait avec exactitude, ils dressaient des états de leurs inspections, et ils les envoyaient aux maréchaux de France et au sous-secrétaire d'état de la guerre.

A l'imitation de Henri IV, Louis XV déclara insaisissables les gages et la solde des maréchaussées, sinon pour les dettes contractées à l'occasion de leur nourriture et pour fourniture d'équipement de chevaux; dans ce cas, la moitié pouvait être saisie.

Les gages des officiers qui avaient été empruntés

et employés pour l'acquisition de leurs offices, pouvaient être saisis en totalité (1).

Les chefs des cours et les procureurs généraux, près ces compagnies, reçurent le droit d'informer les ministres de la guerre et de la justice, de la mauvaise conduite des maréchaussées, des prévarications qu'elles pouvaient commettre dans l'exercice de leurs fonctions, dans l'exécution des ordres qui leur étaient donnés, et dans celui des mandemens de justice.

Les prévôts et autres officiers étaient tenus d'exécuter les ordres qui leur étaient donnés par les premiers présidens et les procureurs généraux, pour tout ce qui concernait le bien de la justice et de la police générale, soit dans la ville de la résidence des cours, soit au dehors; ils étaient obligés d'exécuter sur-le-champ, à peine d'interdiction, ces ordres, dans les résidences des cours, sans, au préalable, demander la permission de l'officier qui commandait; cette autorisation n'était nécessaire que lorsqu'il fallait sortir de la ville; il en était de même dans les cas de flagrant délit et autres, où il était nécessaire de prêter main-forte, ou quand il fallait exécuter des mandemens de justice; dans ce cas, ils devaient obtempérer sans aucun délai, à la réquisition des

(1) Déclaration du roi, 28 mars 1720.

huissiers ou autres officiers de justice, chargés de leur exécution (1).

Les maréchaussées n'étaient soumises en aucune autre manière aux ordres particuliers des autres officiers des cours, et il était défendu à tout autre fonctionnaire de l'autorité civile ou judiciaire de se servir dans ses communications, avec les maréchaussées, des termes *mandons et enjoignons*, ou autres termes impératifs, au lieu de celui *requérons* (2).

Dans les cérémonies publiques ou lors de la rentrée, il était dû aux cours une escorte d'honneur de maréchaussée commandée par un lieutenant (3).

Ce fut à la suite de cette refonte des maréchaussées, qu'en 1721 le duc de Bourbon, alors gouverneur et lieutenant-général des provinces de Bourgogne, Bugey, Gex et Valromey, réclama le droit qu'avaient depuis un temps immémorial les gouverneurs de ces provinces, de disposer des charges des maréchaussées de leur gouvernement. En 1694, Louis XIV avait accueilli favorablement du grand Condé, une ré-

---

(1) Arrêt du conseil d'état, 8 janvier 1724; Ordonnance, 14 mars 1720.

(2) Arrêt du conseil d'état, 9 juin 1733, 1736, 1738, 1741, 1742, 1743; arrêt de la connétablie, 1745.

(3) Arrêt du conseil d'état, 8 janvier 1724.

clamation de la même nature, Louis XV y fit droit, mais en se réservant la faculté de nommer le grand prévôt, sur la présentation qui lui en serait faite par le gouverneur, et sous la condition que cet office ne serait plus héréditaire ; pour le surplus, les maréchaussées de ces provinces furent assimilées à toutes les autres du royaume, et soumises comme elles, à la même règle, à la même discipline, et appelées à jouir des mêmes avantages, priviléges et exemptions (N° 8).

L'effectif de cette maréchaussée était de cent soixante hommes, commandés par un prévôt général aux appointemens de quatre mille francs, ayant sous ses ordres des prévôts divisés en quatre classes, et des lieutenans en trois.

La situation des états du roi de Pologne, duc de Lorraine et de Bar, mêlés et enclavés dans ceux de France, favorisant la malveillance et l'impunité des coupables, les rois de ces états accordèrent, en 1739, réciproquement à leurs maréchaussées, le droit d'entrer à main armée dans leurs pays. Ces maréchaussées pouvaient y pénétrer soit en troupe, soit séparés, pour poursuivre les prévenus, les arrêter, et les constituer prisonniers, et y requérir toute assistance, comme dans leur propre résidence (1).

(1) Ordonnances des rois de France et de Pologne, 15 septembre et 20 octobre 1739.

Par ces dispositions, des peuples voisins et amis furent appelés à jouir d'une tranquillité qu'altérait sans cesse auparavant des malfaiteurs, qu'y attirait la facilité qu'ils trouvaient chez eux de se soustraire à l'action de la justice.

En 1760, le roi informé que ses sujets ne trouvaient pas dans ses maréchaussées tous les secours qu'ils devaient y rencontrer, et voulant, à l'exemple de ses prédécesseurs, perfectionner le service d'une arme aussi utile, et donner en particulier des marques de son attention à un objet aussi important, prescrivit de nouveau l'exécution rigoureuse de l'ordonnance de 1720, et de l'arrêt du conseil d'état de 1724; il donna même de nouveaux développemens à ces règlemens pour mettre les maréchaussées plus à même de mieux répondre à leur institution, et pour les garantir d'exigeances particulières, qui ne les arrachaient que trop souvent à des devoirs basés sur les intérêts généraux, et non créés pour satisfaire des vanités ou des besoins particuliers.

En conséquence, il fut ordonné que les maréchaux, lors des vacances des prévôts et des lieutenans, présenteraient trois sujets, parmi lesquels le roi choisirait celui qu'il jugerait à propos, pour être pourvu de la charge vacante. Ici cessa l'hérédité des charges des hautes fonctions de la maréchaussée, cette source abondante de désordres, et dont peut-être le moindre, quoique grave, était de détruire toute émulation, et de favoriser la fortune au préjudice des services et du mérite ;

Que les exempts seraient pris alternativement parmi les brigadiers et sous-brigadiers des maréchaussées et dans les troupes ;

Que les places de cavaliers ne seraient données qu'à des hommes de cinq pieds quatre pouces au moins, sachant lire et écrire, et qui, autant que possible, auraient déjà servi dans les autres troupes ;

Que chaque cavalier aurait, à lui appartenant, un cheval bai ou noir, ayant taille de dragon.

Les tournées ou revues des prévôts furent réduites à deux, celles des lieutenans à six.

Les lieutenans pouvaient punir les cavaliers de prison, pour le temps qu'ils voulaient, le brigadier et sous-brigadier des arrêts ; quant aux exempts, quand ils les croyaient répréhensibles, ils devaient se contenter d'en rendre compte aux prévôts.

Les prévôts rendaient compte au ministre de la guerre, des punitions qu'ils infligeaient.

Lors de leurs revues, les prévôts prévenaient les intendans de leur arrivée, quatre jours à l'avance ; ils recevaient d'eux l'heure à laquelle cette revue devait être faite.

Si les intendans étaient absens, ils appelaient les subdélégués.

Les prévôts ne pouvaient quitter leur arrondissement sans permission du commandant de la province, ou sans congé de la cour.

Les exempts, brigadiers et sous-brigadiers pouvaient s'absenter du lieu de leur résidence pour huit jours, avec permission de leur lieutenant, et les cavaliers pour quatre, avec celle du commandant de leur brigade; les uns et les autres rendaient compte des permissions accordées, à leur supérieur.

Les exempts, brigadiers et sous-brigadiers, inscrivaient sur un journal, les courses ordinaires et extraordinaires auxquelles eux et les cavaliers avaient été appelés pour le service; ce journal était remis tous les mois au lieutenant, qui le transmettait au prévôt.

Tous les deux mois, les prévôts adressaient au Ministre de la guerre, les états des brigades des maréchaussées de leur arrondissement, il y était fait mention de leurs tournées journalières, et du service auquel elles avaient été employées; ils l'informaient également de ce qu'ils avaient appris d'intéressant.

Les cavaliers et officiers des maréchaussées étaient admis à l'hôtel des Invalides, lorsqu'ils étaient hors d'état de service; ils avaient acquis ce droit, par la retenue qui avait été faite sur leur solde au profit de ce magnifique établissement (1).

Les cavaliers des maréchaussées, quand ils étaient malades, étaient reçus aux hôpitaux voisins des lieux de leur résidence, moyennant une retenue journalière de sept sous, sur leur solde;

Les prévôts étaient tenus de monter à cheval, à la tête de leur troupe, dans le chef-lieu de leur arrondissement, lors des entrées du roi, de la reine, de la famille royale, des princes du sang, et seulement le jour et réception des gouverneurs et lieutenans-généraux des provinces.

Les princes et princesses du sang, ou les maréchaux, lors de leur passage, étaient escortés par les brigades des maréchaussées, situées sur la route, d'une résidence à l'autre.

Il était défendu de rendre à qui que ce fût d'autres honneurs, sans un ordre du roi; les prévôts rendaient compte aux maréchaux et au ministre de la guerre, de ceux qui en exigeaient, quand ils ne leur étaient pas dus. En 1760, une ordonnance prescrivit aux maréchaux de France d'en excepter le chancelier, auquel il fut ordonné de rendre les honneurs accoutumés.

Les commandans des brigades devaient chaque

---

(1) Arrêt du conseil d'état, 1677.

jour commander deux cavaliers, pour faire des tournées dans la circonscription de leur arrondissement, et ils devaient eux-mêmes monter à cheval, aussi souvent que le besoin pouvait le requérir; ces tournées étaient constatées par les magistrats ou par les curés, à leur défaut, par les principaux habitans.

Les maréchaussées étaient tenues d'assister aux foires, marchés et apports, pour y veiller à la tranquillité publique; les commandans des brigades devaient s'y rendre en personne.

Le but principal de ces tournées, était l'arrestation des étrangers sans passe-port, des gens suspects, des déserteurs.

Les commandans des brigades dressaient procès-verbal de ces arrestations.

Lors du passage d'une troupe, les brigades, situées sur la route, se portaient sur les flancs et en arrière de sa marche, pour contenir dans l'ordre ceux qui auraient pu s'en écarter.

Les maréchaussées ne pouvaient être employées à aucune fonction étrangère à son établissement.

Les transports des deniers royaux étaient escortés par elles, sur les réquisitions de ceux qui en étaient chargés.

C'est cette année 1760 que nous voyons, pour la première fois, substituer le nom de cavalier à celui d'archer.

En 1763, l'effectif des maréchaussées était de trois mille trois cent vingt-deux hommes (N° 9).

En 1768, de nouvelles dispositions vinrent encore appuyer celles qui avaient été prises en 1720, 1724 et 1760; afin de donner aux maréchaussées tous les moyens de devenir l'instrument le plus utile de la tranquillité publique, le surveillant le plus exact de tout désordre, le plus ferme soutien de l'autorité royale, et le pouvoir le plus énergique contre la malveillance.

Elle fut maintenue sous les ordres des maréchaux, qui la contenaient, la pressaient ou la soutenaient de l'éclat de leur grande autorité, selon qu'elle eût pu abuser de sa force, se négliger dans l'exercice de ses devoirs, ou s'attirer des inimitiés en les remplissant; l'exercice de ses fonctions la mettant souvent aux prises avec des hommes puissans.

Le 25 février de cette même année, le roi déclara de nouveau, que les offices des prévôts et de leurs lieutenans, ne seraient plus à l'avenir possédés qu'à vie, que leurs provisions leur seraient expédiées par le sous-secrétaire de la guerre, et que ceux qui en seraient pourvus, seraient dispensés de tout droit.

Pour être admis dans la maréchaussée, on exigea des prévôts douze années de service, dont quatre comme capitaines; des lieutenans huit, dont six comme lieutenans; des exempts douze, dont six en qualité de porte-drapeau, ou huit en celle de brigadier de maréchaussée; des brigadiers et sous-brigadiers douze, dont six comme fourriers; maréchaux-des-logis ou sergens dans les régimens, ou huit comme cavaliers de maréchaussée; des cavaliers huit ans.

Les commissions des exempts, brigadiers, sous-brigadiers, cavaliers et trompettes, continuèrent d'être délivrées par le ministre de la guerre, sur la présentation des prévôts.

Depuis 1720, les officiers des maréchaussées étaient taxés à la capitation, selon le grade immédiatement supérieur à celui dont ils étaient titulaires, cette année, la supériorité du grade leur fut attribuée : les prévôts prirent le rang de lieutenans-colonels; les lieutenans, de capitaines; les exempts, de lieutenans; les brigadiers et sous-brigadiers, de maréchaux-des-logis; et les cavaliers, celui de bas-officiers.

Les revues annuelles des inspecteurs généraux, choisis parmi les prévôts, furent maintenues, comme le plus sûr moyen de prévenir les abus, de conserver la discipline, d'assurer l'exécution des règlemens, et de maintenir une tenue militaire et uniforme.

Les honneurs accordés en 1760, à divers fonctionnaires publics, furent attribués à tous les sous-secrétaires d'état.

Il fut ordonné aux brigades des maréchaussées,

dans les villes où séjournaient les intendans et les commissaires départis dans leur généralité, pour la répartition de l'impôt, de monter à cheval et de se trouver sur leur passage, lors de leur départ desdites villes, à la charge par eux de prévenir les commandans de ces brigades, de l'heure de ce départ.

Voulant mettre les maréchaussées à même de trouver une existence honorable, dans un état aussi dangereux que fatigant, et qu'utile à la société, la solde des exempts, brigadiers, sous-brigadiers et cavaliers, fut augmentée.

Solde de la maréchaussée, en 1768.

GRADE.	SOLDE ordinaire.		HABILLEMENT, remonte, équipages et entretien des armes.		SOLDE entière.		*Observations.*
	liv.	s.	liv.	s.	liv.	s.	
Exempts.	457	10	143	15	601	5	Le logement fut fourni en nature, tant pour les hommes que pour les chevaux et les fourrages. Les fourrages furent fournis aux maréchaussées, officiers compris. A cette époque, le marc d'argent valait 50 francs.
Brigadiers. . . .	366	»	115	»	481	»	
Sous-brigadiers..	329	8	91	10	420	18	
Cavaliers.	274	10	86	5	360	15	

Les revues des subsistances furent attribuées

aux commissaires des guerres, qui les faisaient tous les trois mois.

En décembre 1769, une nouvelle ordonnance confirma toutes celles précédemment rendues depuis 1720, suppléa à toutes les lacunes qu'elles avaient pu laisser, et en modifiant quelques dispositions, vint former le complément de toutes les mesures qui pouvaient assurer le plus fructueusement possible, le service qu'on se promettait des maréchaussées.

Les commandans des corps de l'armée reçurent le droit de présenter à l'instar des prévôts, au ministre de la guerre, des candidats pour les places d'exempts, brigadiers, sous-brigadiers et cavaliers de maréchaussée.

Le droit d'entrer à l'hôtel des Invalides fut réduit au cas où, ayant vingt ans de service, les maréchaussées étaient hors d'état de continuer leurs fonctions.

Les prévôts ne furent plus tenus qu'à une revue; mais ils furent obligés d'accompagner les inspecteurs dans celles qu'ils passaient annuellement; celles des lieutenans furent fixées à quatre.

Les commandans des brigades devaient passer la revue des hommes sous leurs ordres, une fois par semaine, et en rendre compte à leur lieutenant, qui lui-même en informait le ministre de la guerre.

Le droit accordé aux prévôts de donner des permissions d'absence aux maréchaussées sous leurs ordres, fut circonscrit aux limites de la circonscription de leur autorité.

Aucune maréchaussée ne pouvait faire le commerce, ni exercer aucun métier ni profession.

Le corps entier fut soumis à l'autorité, et aux ordres des gouverneurs et commandans des provinces; il fut tenu d'exécuter ceux des intendans.

Cette année, il y eut une nouvelle fixation de solde, pour les maréchaussées de tous les grades.

(*Suit le Tableau.*)

Solde de la maréchaussée, en 1769.

GRADE.	FINANCES.	GAGES.	SOLDE.	MASSE de remonte.	FOURRAGES.	LOGEMENT.	MASSE d'habillement.	SOLDE entière.	*Observations.*
Prévôts généraux.	40000	1200	2800	»	500	500	»	3800	Les fourrages étaient payés aux commandans des brigades et aux cavaliers, sur l'estimation qui en était faite annuellement sur les lieux. Les hommes composant les brigades recevaient pour eux et leurs chevaux, le logement en nature. Il était annuellement retenu pour les remontes, aux exempts 30 fr.; aux brigadiers, s.-brigadiers et cavaliers, 20 f. Le marc d'argent valait 50 fr.
Prévôts généraux.	30000	900	2100	»	500	500	»	3100	
Lieutenans.	15000	450	1500	»	250	250	»	2000	
Exempts.	»	»	450	35	»	»	80	565	
Brigadiers.	»	»	360	30	»	»	60	450	
Sous-brigadiers. .	»	»	324	30	»	»	48	402	
Cavaliers.	»	»	270	30	»	»	40	340	
Trompettes. . . .	»	»	500	»	»	»	»	»	

Tous les trois mois, la solde, le prix des fourrages et la masse de l'entretien des chevaux et des équipages des sous-officiers et cavaliers des maréchaussées, étaient soldées entre les mains de chaque lieutenant; les fonds pour les masses d'habillement étaient versés annuellement aux prévôts (1).

La ration de fourrages se composait de quinze livres de foin, cinq livres de paille, et de huit livres d'avoine, ou d'un tiers du boisseau de Paris.

L'acquisition des fourrages se faisait en commun, par chaque brigade et par les soins de son commandant; à chaque brigade de maréchaussée, il devait être assigné une caserne, composée d'un nombre de chambres suffisant pour loger le commandant et ses cavaliers; les écuries devaient être assez vastes pour placer deux chevaux de plus que ceux de la brigade; ces places étaient destinées à ceux des autres brigades, que des circonstances pouvaient amener dans la caserne; les greniers devaient être assez vastes, pour contenir l'approvisionnement de la brigade en fourrages pour l'année.

Ces dispositions ayant été mal exécutées, et le logement des maréchaussées ne répondant ni à leurs besoins personnels, ni à ceux de leur famille, la gêne, et le mésaise qui en résultait pou-

---

(1) Arrêt du conseil, 20 juin 1770.

vant priver les maréchaussées des avantages et de la liberté du mariage, qui contribue si puissamment à leur bonne conduite et à les attacher à leur état; une ordonnance du roi, du 1er août 1770, prescrivit qu'à l'avenir le logement des commandans des brigades serait composé de deux chambres à cheminées, que chaque cavalier aurait la sienne, et qu'il y en aurait une pour ceux étrangers à la brigade.

A défaut de caserne, les maréchaussées étaient logées chez les habitans, à l'instar des troupes en garnison.

Aucun cavalier ne pouvait vendre son cheval, sans l'autorisation du ministre de la guerre.

Les chevaux qui manquaient étaient remplacés par les soins des cavaliers et des commandans des brigades, ils étaient reçus par les lieutenans, sous la surveillance des prévôts.

Les chevaux ne pouvaient être reçus, ni au-dessus de huit ans, ni au-dessous de quatre; ils devaient avoir la taille des chevaux de dragons.

Le sous-officier ou cavalier qui perdait un cheval, soit par mort, soit par réforme, suppléait de ses deniers à ce qui manquait à sa masse de remonte, pour payer son nouveau cheval; ceux qui conservaient leur masse pendant dix ans, en recevaient l'excédant à partir de ce terme.

Il fut établi par les soins des prévôts, dans leur arrondissement, des lieux destinés pour servir de rendez-vous aux correspondances, qu'ils fixèrent.

Les prévôts et leurs lieutenans furent autorisés, dans les cas pressans ou de flagrant délit, d'assembler les brigades qu'ils croiraient nécessaires, pour réprimer les désordres; les commandans des brigades, dans les districts où les désordres avaient lieu, pouvaient requérir l'assistance des brigades voisines.

Les escortes furent placées sous la responsabilité des commandans des brigades et des cavaliers qui en étaient chargés.

Les armes étaient fournies par le roi, elles consistaient en un mousqueton armé de sa baïonnette, une paire de pistolets de neuf pouces de long, et un sabre à garde de cuivre couvert de deux branches; il leur était encore fourni quelques objets d'équipement, mais ces effets étaient de peu de valeur; les exempts, brigadiers, sous-brigadiers et cavaliers, s'entretenaient à leurs frais de culottes d'uniforme, de gants, de bottes molles, manchettes de bottes, selles, brides et bridons; leur masse n'était destinée qu'à l'entretien du surplus de l'habillement, harnachement et équipement.

Cette année 1769, s'exécuta l'édit du 25 février 1768, qui accroissait les maréchaussées de deux cents brigades, dont les forces furent fixées à quatre cavaliers, quand elles étaient commandées par un exempt; à trois, si c'était un brigadier, et à deux, pour celles qui n'avaient qu'un sous-brigadier à leur tête.

En 1766, Stanislas de Leczinski, roi titulaire de Pologne, duc de Lorraine et de Bar, étant mort accidentellement, âgé de quatre-vingt-neuf ans, après avoir gouverné la Lorraine pendant vingt-neuf ans, de manière à mériter d'une commune voix le titre de *bienfaisant;* les maréchaussées de ce pays, qui avaient été créées par ce prince, en 1738, furent réunies à celles de France; elles leur furent assimilées, tant pour l'exercice de leurs fonctions, leur tenue, leur administration, leur discipline, que pour la solde et leurs privilèges; le prévôt général et les lieutenans de ces maréchaussées reçurent le droit de connaître de tous les délits et de toutes les personnes, comme les prévôts et lieutenans des maréchaussées du royaume; elles quittèrent leur uniforme, qui était un habit de drap jaune, doublé de même couleur, ayant des manches noires à la polonaise, pour prendre celui de la maréchaussée française.

Le 12 mai 1768, la force de cette compagnie fut fixée à cent quatre-vingt-six hommes, divisés en trente-six brigades (N° 10).

Le 15 mai 1768, la république de Gênes ayant remis par un traité la Corse à la France, en nantissement des dépenses qu'elle avait faites ou devait faire pour la réduction de cette île, dont la conquête fut achevée l'année suivante, par le général Devaux ; il fut créé pour ce pays, le 27 décembre 1769, une compagnie de maréchaussée composée de soixante-cinq hommes, divisés en quatorze brigades ; cette maréchaussée fut placée, comme toutes celles de France, sous les ordres des maréchaux, ayant mêmes fonctions, et jouissant des mêmes priviléges et avantages (N° 11).

En 1778, cette compagnie fut réduite à vingt hommes ; l'expérience ayant fait connaître que les montagnes, dont était hérissée l'île, étaient un obstacle au zèle de la maréchaussée, que par là même cette cavalerie était réduite à l'inaction ; cette compagnie fut entièrement supprimée en 1789, et on y suppléa par un régiment provincial de Corse, auquel fut exclusivement confié le service important, dont était précédemment chargé la maréchaussée de ce pays.

En 1768, Louis XV, par arrêt du parlement de Provence, signifié le 11 juin de cette même année aux consuls d'Avignon, ayant été envoyé en possession de cette ville, le marquis de Rochouart, à la tête d'un détachement de troupes françaises s'en saisit au nom du roi, le 27 décembre 1769. Cette même année, il fut créé pour le maintien de la tranquillité de ce pays, une compagnie de maréchaussée composée de trente hommes, commandés par un lieutenant, comme toutes les autres maréchaussées de France ; elle fut placée sous les ordres des maréchaux, ayant les mêmes fonctions, et jouissant des mêmes priviléges et avantages (N° 12).

En 1770, cette compagnie fut réunie et incorporée à la maréchaussée du département de la Provence (1).

En 1772, 1773 et 1774, on fit passer, des résidences de Châlons, Orléans, Tours, Bourges, Moulins, Rouen, Rennes et Lille, le deuxième lieutenant qui y avait été fixé en 1720, à Sainte-Menould, Gien, Chinon, Châteauroux, Evreux, Saint-Brieux, Sarlat et Bailleul; avec juste raison, on pensa que ces officiers seraient plus utiles, dans des résidences importantes et éloignées, où les maréchaussées étaient commandées par des sous-officiers, que là où il résidait encore un prévôt et un lieutenant; il en fut créé même trois de plus, pour les villes d'Issoudun, d'Avesne et de Vienne.

Les chasses nombreuses et les séjours prolongés de Louis XV, à Saint-Hubert, Compiègne, Fontainebleau et Senars, forçant d'extraire fréquemment bon nombre de sous-officiers et de cavaliers de maréchaussées des brigades avoisinant ces lieux, pour faire la police dans les forêts et sur les routes qui aboutissent aux résidences royales, et ayant reconnu d'ailleurs qu'il pouvait résulter de cet état de choses, un préjudice notoire au bon

(1) Ordonnance du 27 décembre 1769.

ordre et à la tranquillité des pays dont ils étaient tirés ; il fut crée le 24 mars 1772, une compagnie de maréchaussée destinée spécialement au service, voyages et chasses du roi, sa force fut portée à cinquante-sept hommes, commandée par un prévôt géneral ; en 1778, elle fut augmentée de vingt-huit hommes, il fut ordonné qu'après les voyages de Sa Majesté, et dans l'intervalle de l'un à l'autre, il serait détaché de cette compagnie quarante-huit cavaliers, pour servir comme auxiliaires à la suite des brigades de la compagnie de la généralité de Paris, et que le surplus serait cantonné aux environs de Versailles, pour y faire le service dans les arrondissemens qui leur seraient fixés.

Cette compagnie fut placée sous les ordres des maréchaux de France, et, comme toutes celles du royaume, soumise aux mêmes règles, à la même discipline, et jouissant des mêmes priviléges et avantages ; néanmoins, il ne fut accordé aucune juridiction prévôtale à ses officiers. (N° 13.)

De tous les rois de la monarchie française, Louis XV est celui qui fit subir le plus de changemens et de modifications à la maréchaussée, et dans un espace de temps qui ne dépassa pas cinquante ans ; mais ils furent faits avec tant de sagesse que, profitables également à l'autorité royale, au public et à l'arme, l'opinion les sanctionna.

Sous ce règne, le pouvoir des chefs fut successivement restreint dans des limites beaucoup plus étroites, la comptabilité ayant été réglée d'une manière aussi claire que paternelle, le soldat y trouva des garanties pour le paiement intégral et exact de sa solde et de ses accessoires, et la création d'un plus grand nombre d'officiers et de brigades plus fortes et plus nombreuses, commandées par des militaires plus élevés en grade, ayant étendu les moyens de surveillance et de répression, les particuliers y virent de nouvelles assurances du maintien de la tranquillité, et l'autorité y puisa un appui plus prompt et plus efficace.

Louis XVI, qui considérait les maréchaussées comme un des plus sûrs instrumens de sa puissance, les plia, autant que leur considération personnelle le lui permettait, à tout pouvoir qui émanait directement de lui; c'est ainsi qu'il les soumit aux volontés des procureurs-généraux, des présidens des cours, des intendans, des gouverneurs et des commandans des provinces, dont avant lui ils étaient indépendans.

Les mêmes motifs le déterminèrent, sans doute, à les obliger de rendre aux ministres d'état, les mêmes honneurs que ceux qu'il avait ordonnés déjà de rendre aux hauts fonctionnaires, dont précédemment il a été question; et par les mêmes causes, sans doute, il substitua au droit qu'avaient les prévôts de nommer aux places d'exempts, brigadiers, sous-brigadiers et cavaliers, celui de lui présenter des candidats, et encore en concurrence avec les chefs des corps de l'armée, auxquels même faculté fut attribuée.

Enfin, la supériorité des maréchaux sur elle perdit beaucoup de son influence, depuis que le sous-secrétaire d'état de la guerre, fut saisi de ses rapports concurremment avec eux, et que les inspections furent commises en d'autres mains que les leurs.

Quoique tous ces changemens eussent eu lieu au préjudice de beaucoup d'intérêts, le bien qu'en ressentit le public fit qu'on n'entrevit pas même que cette concentration de pouvoir dans la main de l'administration, pouvait conduire à l'inconvénient grave de mettre entièrement à la disposition de l'autorité, une arme qui, dans aucun cas, ne pouvait plus lui refuser son assistance.

Si les maréchaux de France avaient perdu une grande partie de leur autorité, et par conséquent de leur influence sur l'action de la maréchaussée, leur tribunal avait au moins conservé toute sa force, et, comme dans les temps anciens, la justice y était distribuée avec vigueur et équité; et ce siége, par la fermeté et l'impassibilité de ses arrêts, soutenait noblement l'honneur qu'il avait acquis d'être un des plus fermes appuis de l'autorité royale; car dans ces temps la connétablie, non-seulement maintenait les maréchaussées dans une discipline sévère, mais elle les vengeait avec éclat des outrages qu'on pouvait lui faire, dans l'exercice et à l'occasion de leurs fonctions.

Une foule d'arrêts justifient cette opinion :

En 1729, trois brigadiers furent condamnés aux galères, pour malversations;

En 1730, un archer fut condamné à mort, pour homicide;

En 1731, un exempt et un archer furent condamnés à mort, pour avoir commis un homicide, par suite d'une rébellion contre eux;

La même année, le prévôt de Rouen fut condamné pour abus, malversations et excès des maréchaussées;

En 1732, sentence de mort contre un cavalier de maréchaussée, pour excès et homicide commis par lui dans une rixe, en arrêtant un particulier;

En 1738, sentence contre un exempt et un archer, pour avoir retenu un prisonnier en chartre privée;

En 1740, sentence contre des soldats de maréchaussée, pour des violences exercées par eux, lors de visites pour la recherche d'armes;

En 1742, condamnation à mort d'un archer, pour avoir tué un prisonnier qu'il conduisait;

La même année, condamnation de plusieurs

particuliers, pour s'être révoltés contre la maréchaussée;

En 1745, condamnation d'André Trochet, de Philippeville, pour avoir sans nécessité tué le nommé Labbé, dit sieur Jean, qu'il conduisait; de Michel Rougené, d'Antoine Renouard et de Pierre Bard, cavaliers de maréchaussée à Thiers, condamnés à mort pour homicides sans nécessité de légitime défense.

Comme nous l'avons vu, la solde des maréchaussées avait été accrue et fixée de nouveau en 1769, et l'administration de cette solde avait été réglée avec autant de prudence que d'économie; pour compléter ce système d'administration, il ne restait plus qu'à fixer d'une manière invariable et uniforme, les paiemens des frais de courses et de vacations qui lui étaient attribués, en vertu de certaines ordonnances et règlemens dans les cas de services extraordinaires, c'est ce que fit Louis XVI, le 1er juin 1775, par arrêt du conseil d'état.

Indemnités et vacations attribuées à la maréchaussée.

POUR L'EXÉCUTION DES ORDONNANCES de LA CONNÉTABLIE.						POUR L'EXÉCUTION d'un JUGEMENT, DÉCRET ou d'un ARRÊT obtenu par partie civile.				PAR JOUR.				PAR JOUR pour nourriture de PRISONNIERS conduits.		OBSERVATIONS.
Prévôts.	Lieutenans.	Exempts.	Brigadiers.	Sous-brigadiers.	Cavaliers.	Exempts.	Brigadiers.	Sous-brigadiers.	Cavaliers.	Exempts.	Brigadiers.	Sous-brigadiers.	Cavaliers.	A pied.	A cheval.	
liv. s. 15 »	liv. s. 7 10	liv. s. 7 »	liv. s. 6 »	liv. s. 5 »	liv. s. 4 »	liv. s. 6 »	liv. s. 5 »	liv. s. 4 10	liv. s. 4 »	liv. s. 5 »	liv. s. 4 »	liv. s. 3 10	liv. s. 3 »	liv. s. » 15	liv. s. 1 »	Les journées étaient comptées sur le pied de dix lieues en été, et de huit en hiver.

Ces indemnités et vacations étaient attribuées aux maréchaussées, quand elles prêtaient main-forte aux employés des finances, qu'elles fournissaient des escortes aux diligences, prêtaient secours aux citoyens, mettaient à exécution des ordres des gouverneurs, des intendans et des commissaires départis; quand elles arrêtaient ou transféraient un prisonnier d'état, et qu'elles saisissaient des mendians et vagabonds.

Toute arrestation à une lieue de leur résidence leur était soldée, ainsi que les assignations qu'elles donnaient quand elles ne pouvaient rentrer le même jour à leur résidence, ou qu'elles faisaient une marche qui excédait en hiver huit lieues, en été dix.

Ces indemnités leur étaient allouées, sur des mémoires dressés d'après certaines formalités, par les lieutenans des prévôts.

Selon M. de Noailles, dans son rapport à l'assemblée nationale, du 22 décembre 1790, ces bénéfices hors salaires, attribués à la maréchaussée, soit par des taxes exécutoires sur le domaine public, à raison de capture, soit pour le bénéfice d'amende, soit pour gratifications du roi, des états, ou pour services rendus aux particuliers, s'élevaient à *trois millions;* somme si énorme, qu'il semble qu'on doive avoir quelque méfiance sur l'exactitude d'une évaluation qui attribuait ainsi à chaque cavalier de maréchaussée, en augmentation de solde, la somme d'environ sept cents livres, l'effectif du corps étant alors de quatre mille trois cents.

Dans son service habituel, il n'était dû aucune vacation à la maréchaussée; d'après les principes de son organisation et ses règles, elle devait se porter gratuitement et promptement, dans tous les lieux où sa présence était nécessaire pour maintenir le bon ordre, et assurer la capture et la punition des coupables, faire des tournées dans les paroisses et districts, se porter aux foires, marchés, fêtes, aports, escorter les deniers royaux, se transporter sur les lieux lors des émeutes populaires, dégâts et autres excès, procéder aux captures et à la translation des accusés dans les prisons de la résidence des siéges, en matière prévôtale, donner assignation à huitaine et à quinzaine; enfin, s'acquitter, sans aucune rétribution, de toutes les obligations que lui imposait l'importance et l'étendue de ses devoirs.

Animé d'un amour profond pour son peuple, qu'il voulait rendre heureux, et du désir des suppressions, dans le but d'alléger les charges de l'état, Louis XVI fut à peine parvenu au trône, qu'ayant jeté les yeux sur les maréchaussées, il pensa qu'à l'instar d'autres corps militaires qu'il avait frappé de la réforme, il devait leur faire subir des réductions que lui imposait ses projets, et la situation de ce corps même, qui, par la progression croissante et rapide des denrées, dans une proportion infiniment supérieure à l'augmentation de la solde, ne trouvait plus dans ses gages des moyens suffisans pour l'exactitude d'un bon service, et pour la sécurité des peuples.

Ne voulant pas augmenter la solde de cette troupe, quoique cet accroissement fût devenu indispensable pour son existence, il préféra en réformer une partie; cette suppression le mettait à même d'améliorer le sort des maréchaussées conservées, et il espérait suppléer au nombre en réveillant, par ce moyen, le zèle et l'activité.

Ainsi, quand les novateurs attaquaient notre monarchie de toutes parts, nos rois leur prêtaient eux-mêmes leur puissance.

Le 1er mars 1778, on commença par supprimer et réorganiser la compagnie de l'hôtel, qui fut fixée à cent soixante-deux hommes, commandés par un lieutenant-général d'épée. (N° 14.)

Le 28 avril, les trente compagnies des maréchaussées créées par l'édit 1720, y compris celles du duché de Bourgogne, celles des provinces de Lorraine et de Barrois, réunies à celles de France en 1766; celle l'île de Corse, créée en 1769; celle des voyages et chasses du roi, créée en 1772, et celle établie dans la principauté de Dombes, furent les seules conservées et formèrent le corps de la maréchaussée, qui continua d'avoir pour chefs et commandans supérieurs les maréchaux de France ; la force totale de la maréchaussée pour tout le royaume, fut fixée à trois mille cinq cent vingt-quatre hommes. (N° 15.)

La compagnie des maréchaussées de Bourgogne se trouvant comprise dans cette nouvelle refonte, Louis XVI, ce prince si juste et si jaloux des droits de chacun, ne se croyant pas dispensé de les respecter, même à l'égard de ceux de son sang, traita et obtint du prince de Condé, gouverneur de cette province, avant l'exécution de cette nouvelle mesure, son désistement des droits qu'il avait sur cette compagnie, et qui lui avaient été assurés en 1721 ; il les réduisit encore, et ils demeurèrent fixés à celui de présenter au roi, des candidats pour les places de prévôts, lieutenans et sous-lieutenans, et à nommer les maréchaux-des-logis, les brigadiers et les cavaliers, sur la présentation du prévôt général, à la charge aussi, par les inspecteurs-généraux, lors de leurs tournées, d'envoyer au prince tout ce qui concernait la maréchaussée de son gouvernement ; aucun sous-officier ni cavalier, faisant partie de cette maréchaussée, ne pouvait être cassé et renvoyé qu'avec son approbation.

Les grades d'exempts et de sous-brigadiers furent supprimés.

Le titre de cavalier fut donné aux maréchaussées, à la place de celui d'archers ; depuis 1768, il lui avait presque toujours été substitué.

Il fut créé des sous-lieutenans et des maréchaux-des-logis, ces grades devinrent intermédiaires entre ceux de lieutenant et de brigadiers.

Par cette réorganisation, les maréchaussées furent maintenues sous les ordres des maréchaux, prenant rang avec la gendarmerie, comme en faisant partie, et conservant tous les priviléges et avantages qui lui avaient été attribués par l'édit de 1720, et ceux postérieurs.

Les sous-officiers furent admis au droit de pouvoir obtenir la croix de Saint-Louis (1); les officiers de cette arme n'avaient obtenu cette faveur que quelque temps auparavant.

Dans toute occasion, la maréchaussée avait le pas sur les milices bourgeoises, guet et gardes des villes.

Elle fut maintenue dans le rang du grade supérieur à celui qu'elle occupait, qui lui avait été attribué par l'ordonnance de 1768.

Les inspecteurs étaient choisis parmi les prévôts; pour ce choix, le mérite seul devait être consulté : les places des prévôts appartenaient aux lieutenans de l'arme, celles des lieutenans étaient l'apanage des sous-lieutenans du corps, ou des lieutenans des régimens d'infanterie et de cavalerie, ayant quatre ans de grade et dix ans de service; pour les emplois de lieutenans,

(1) Lettre de Louis XVI aux inspecteurs de maréchaussées.

comme pour ceux des prévôts, le mérite devait être préféré à l'ancienneté.

Les maréchaux présentaient les candidats pour les places de prévôts et de lieutenans.

Les sous-lieutenances étaient données aux sous-lieutenans en service, depuis six ans au moins, ou aux gendarmes du corps de la gendarmerie, ayant servi six ans en cette qualité.

Les maréchaux-des-logis étaient choisis parmi les brigadiers, et ceux-ci parmi les cavaliers; pour être admis dans ces grades, il fallait avoir cinq ans de service dans celui inférieur.

Les places de cavaliers étaient données à des cavaliers, dragons et hussards, ayant quatre pouces au moins, sachant lire et écrire, et ayant seize ans de service.

Il fut créé des surnuméraires près des prévôts et des lieutenans: quatre, près les premiers, deux, près des seconds.

Ces surnuméraires étaient admis aux mêmes conditions que les cavaliers de maréchaussée, leur destination était de remplacer les cavaliers absens ou malades; pendant ce service, ils touchaient les deux tiers de la solde qui était retenue au cavalier empêché.

Les maréchaux-des-logis, brigadiers et cavaliers étaient pourvus de leur emploi par le ministre de la guerre, après information préalable de leurs vie et mœurs, par les prévôts, qui, pour cette information, ne pouvaient exiger aucun droit.

La maréchaussée devait compte aux gouverneurs et aux commandans des provinces et des places, de tout ce qui concernait le service militaire et la sûreté des places; elle ne leur en devait pas d'autres.

Les officiers généraux commandant les divisions où se trouvaient les maréchaussées, avaient le droit de les passer en revue.

Chaque officier pouvait infliger cinq jours d'arrêt à celui placé sous ses ordres, il était tenu de rendre compte de cette punition.

Les officiers, sous-officiers et cavaliers, ne pouvaient se marier sans l'autorisation du ministre de la guerre.

Les congés étaient accordés par le ministre de la guerre, les prévôts pouvaient donner des permissions de huit jours, eux seuls avaient ce droit.

Ceux qui n'étaient pas exacts à rentrer au corps à l'expiration de leur congé ou permission, étaient privés de leurs appointemens et punis d'autant de jours d'arrêt ou de prison, qu'ils avaient excédé ces congés ou permissions; les sommes provenant de ces retenues, étaient destinées à indemniser les surnuméraires de leur service.

Tout négoce, de quelque nature qu'il fût, était

interdit aux maréchaux-des-logis, brigadiers et cavaliers.

Les commandans des brigades et les cavaliers étaient tenus de loger aux casernes; il était interdit aux femmes d'y coucher; ils devaient y être rentrés à neuf heures du soir en hiver, à onze en été.

Tout cavalier qui sortait de la caserne devait en prévenir le commandant.

La caserne devait être tenue proprement.

Tous les chevaux devaient être pansés et abreuvés à la même heure.

Tout sous-officier ou cavalier qui s'enivrait trois fois était chassé.

Par chaque compagnie, il existait un conseil d'administration, composé de l'inspecteur, du prévôt général, du lieutenant et des deux plus anciens sous-lieutenans.

Les attributions du conseil étaient la remonte, les approvisionnemens de fourrages, le remplacement des objets d'habillement, d'équipement et d'harnachement, à la charge des commandans des brigades et cavaliers, les réparations des buffleteries et manteaux, l'emploi de la masse de deux sous par jour, destinés à faire face à ces remplacemens, et la vérification de la caisse de remonte.

Les conseils d'administration fixaient aussi les

demandes d'indemnités, et les répétitions des frais susceptibles de paiemens extraordinaires.

Les revues des inspecteurs avaient lieu en août et en septembre de chaque année, elles étaient passées par lieutenances; lors de leur arrivée, les inspecteurs prenaient l'agrément des gouverneurs commandant les provinces, et des officiers généraux commandant les divisions des troupes.

Les commissaires des guerres assistaient à ces revues; ils étaient obligés, pour leur propre compte, de passer celles des compagnies tous les quatre mois.

Les revues des lieutenans avaient lieu en février, juin et octobre, et les sous-lieutenans devaient visiter leurs brigades tous les huit jours.

Nul officier ne pouvait manger chez son inférieur.

Tous les jours les commandans de brigade se rendaient à l'ordre chez le sous-lieutenant, le plus ancien cavalier chez le chef de brigade.

Chaque jour, deux hommes de chaque brigade étaient détachés pour faire une tournée dans leur district, ces tournées avaient pour but de s'informer de tout ce qui intéressait l'ordre, d'arrêter les voleurs, perturbateurs, etc.... et autres délinquans trouvés en flagrant délit ou poursuivis par la clameur publique, domiciliés ou non, à la charge de les envoyer au lieutenant aussitôt capturés.

A défaut de prisons, les prévenus pouvaient être déposés à la caserne, en attendant leur transfèrement.

Les maréchaussées étaient tenues de dresser procès-verbaux des crimes et délits des déclarations faites par des tiers, et de leurs arrestations;

De visiter les auberges, pour y arrêter les gens suspects;

D'arrêter les bas-officiers et soldats en semestre, qui donneraient lieu à des plaintes, sur la dénonciation de gens dignes de foi;

De viser les congés des bas-officiers et soldats, lesquels étaient obligés de se soumettre à cette formalité;

D'arrêter les déserteurs, et faire rejoindre les semestriers en retard;

Faire des patrouilles de nuit, pour protéger les routes et les campagnes;

Assister aux foires, assemblées, marchés, fêtes, et à toutes les réunions publiques.

Les brigades voisines correspondaient entre elles, ces correspondances avaient pour but la translation des prisonniers, de se transmettre les renseignemens sur tout ce qui intéressait l'ordre public, et de concerter les mesures d'exécution.

Si des troupes traversaient leur district, elles étaient tenues de se porter sur leurs flancs et en arrière, pour s'opposer à tout désordre.

Les brigadiers et cavaliers ne pouvaient marcher qu'armés du mousqueton et de la baïonnette.

Le service de chaque jour était inscrit sur un journal, visé par les officiers municipaux, ou tous autres, et ce, sur les lieux mêmes.

Les intendans étaient prévenus par les sous-officiers et officiers, de tout ce qui pouvait intéresser l'ordre public, et aussitôt que l'événement avait eu lieu.

Les maréchaussées étaient sous les ordres des sous-secrétaires d'état, des gouverneurs et commandans des provinces, des officiers généraux commandant les troupes, des premiers présidens et des procureurs généraux.

Les intendans avaient également les maréchaussées à leur disposition; mais pour en disposer, ils étaient tenus à certaines formalités, l'officier devait leur faire part du résultat de l'opération pour laquelle ils avaient été employés, et les sous-officiers leur en rendre compte.

Quand les maréchaussées étaient prévenues de la tournée des intendans, les commandans des brigades étaient tenus de se rendre à leur logement et de mettre les brigades à leur disposition.

Si les officiers de justice, les commissaires des guerres, les subdélégués et autres personnes en place, avaient besoin de l'assistance de la maréchaussée, il fallait qu'ils fissent leur demande par écrit, et qu'elles exprimassent les objets du service ; il leur était défendu, ainsi qu'aux juges, de se servir des termes *ordonnons*, *enjoignons* ou *mandons*.

Les fonctionnaires qui requéraient la maréchaussée, n'avaient pas le droit de s'immiscer dans l'exécution.

Elle devait assistance aux hussiers, mais elle devait rester étrangère à leurs opérations.

Dans les exécutions judiciaires, elle ne pouvait servir que de garde de police.

Si les cavaliers des maréchaussées découchaient, pour affaire de service, ils avaient droit à l'étape et au logement, pour eux et leurs chevaux.

Les maréchaussées devaient escorter les voitures publiques, dans les passages dangereux et suspects, et les deniers royaux, sur les réquisitions des receveurs des impositions.

La solde des maréchaussées fut fixée de nouveau.

(*Suit le Tableau.*)

Solde de la maréchaussée, en 1778.

GRADES.	SOLDE.	MASSE de remonte.	MASSE d'habillement.	FOURRAGES.	LOGEMENT.	TOURNÉES.	SOLDE entière.	*Observations.*
	liv.	liv.	liv.	liv.	liv.	liv.	liv.	
Inspecteurs généraux.	4000	»	»	»	»	2000	6000	Les fourrages étaient fournis en nature aux Sous-officiers et cavaliers, l'indemnité de logement n'était payée en argent que lorsqu'elle ne pouvait être fournie en nature. Il n'était fait aucune retenue sur la solde des Sous-officiers et Cavaliers, que celle de deux sous par jour pour l'entretien du linge, des culottes, des bas, des bottes et souliers, paiement du ferrage des chevaux et entretien de leur équipage. Tous les quatre mois le décompte de cette retenue était fait, s'il y avait du surplus il était payé.
Prévôt.	2400	»	»	600	500	500	4000	
Lieutenant.	1200	»	»	300	250	300	2050	
Sous-lieutenant. . . .	1000	»	»	300	150	»	1450	
Maréchal-des-logis. . .	600	30	45	»	70	»	745	
Brigadier.	460	30	42	»	60	»	582	
Cavalier.	366	30	40	»	50	»	486	
Trompette.	270	30	30	»	50	»	380	

Les maréchaussées étaient payées tous les mois, sur les revues des commissaires des guerres, qui avaient lieu tous les quatre mois.

La solde des maréchaussées fut déclarée insaisissable, excepté pour la nourriture personnelle ou dépenses, suite du service.

La ration des chevaux fut fixée à deux tiers de boisseau, pour l'avoine, dix livres de foin et dix livres de paille.

Les brigades faisaient l'approvisionnement de leurs fourrages en commun, sous la surveillance de leurs sous-lieutenans.

Ces fourrages étaient exempts de tous droits, dans leurs tournées, les inspecteurs généraux avaient droit au logement militaire.

Les commandans des brigades qui recevaient en argent leur indemnité de logement, étaient tenus de louer une caserne ayant un grenier commun, assez vaste pour loger les fourrages de la brigade, pour la consommation d'un an.

Chaque cavalier, entrant dans la maréchaussée, versait trois cents francs à sa masse de remonte.

Les lieutenans étaient dépositaires et responsables de cette masse de remonte.

Pour qu'un cheval produit par un cavalier fût admis, il fallait qu'il eut cinq ans au moins, huit ans au plus, ayant quatre pieds huit pouces;

qu'il fût à tous crins, noirs ou bruns, bien fait, d'un bon service.

Les chevaux étaient reçus par les lieutenans.

Les bénéfices faits sur la masse de remonte étaient partagés, après un certain temps, entre les commandans des brigades et les cavaliers.

Les chevaux des hommes morts, retirés, congédiés, etc..., pouvaient être gardés, en les payant.

Les chevaux des chefs des brigades et des cavaliers, qui changeaient de résidence, restaient aux brigades dont ils faisaient partie, étant destinés à ceux qui les remplaçaient.

Les inspecteurs seuls avaient le droit d'autoriser la vente ou l'échange des chevaux.

Les chevaux des officiers étaient signalés, ils pouvaient être à courte queue.

Les commandans des brigades tenaient un registre dans lequel étaient inscrits les indemnités, les vacations, les amendes et les gratifications, pour captures attribuées à la brigade.

Cette bourse était partagée; sur l'autorisation des prévôts, les commandans des brigades en prélevaient un tiers, les deux autres étaient partagés entre les cavaliers.

Les gratifications accordées pour captures de déserteurs, n'étaient pas versées à cette bourse, elles appartenaient aux capteurs qui en touchaient le montant directement.

Les sous-officiers et cavaliers malades, étaient reçus aux hôpitaux moyennant la moitié de leur solde.

Les officiers, sous-officiers et cavaliers, ayant quatorze ans de service dans la maréchaussée, avaient droit à une retraite, qui était fixée pour les prévôts à 1200 francs, les lieutenans 600, les sous-lieutenans 400, les maréchaux-des-logis 168, et les cavaliers 126.

Les maréchaussées mises à la retraite, jouissaient de certains priviléges, telles qu'exemptions de taille, logement de gens de guerre, etc...

Au lieu de retraite, les maréchaussées qui y avaient droit, pouvaient réclamer leur admission à l'hôtel des Invalides.

L'armement resta le même qu'en 1769, l'habillement ne reçut que de très-légères modifications.

A peine ces suppressions de maréchaussées eurent-elles eu lieu, que les provinces alarmées des suites funestes qui pouvaient en résulter pour la sûreté du commerce et la tranquillité, réclamèrent vivement contre cette mesure, et sollicitèrent avec instance le rétablissement des brigades supprimées, offrant, pour faire cesser tout obstacle, de solder de leurs propres deniers cet accroissement de dépense.

Ces demandes, aussi vives que générales, ayant été mises sous les yeux du roi, il ordonna en octobre de la même année, que les maréchaussées fussent accrues de quatorze sous-lieutenans, soixante brigadiers et cent quatre-vingts cavaliers; ces brigades furent placées dans les lieux qu'on jugea avoir le plus besoin d'une surveillance active et répressive (1).

Cette année 1778, fut fertile en règlemens pour les maréchaussées, les plus remarquables furent ceux qui déterminèrent la nature du service de la maréchaussée des chasses, les revues des inspecteurs généraux, et la discipline des brigades détachées de la maréchaussée de l'Ile-de-France (2).

Cette maréchaussée, l'ancienne compagnie du lieutenant de robe-courte de Paris, fut déclarée la première compagnie de la première division, elle fut fixée comme elle l'avait été en 1740, à cent quatorze hommes; cette maréchaussée était connue sous le nom de la prévôté de l'île.

Il fut accordé à cette compagnie, des indemnités de logement plus considérables qu'aux autres maréchaussées, et la masse de remonte des sous-officiers et archers fut portée à 45 francs au lieu de 30 francs; elle dut ces avantages à la multiplicité du service, et à la cherté des logemens à

(1) Ordonnance du 3 octobre 1778.

(2) Ordonnance du 28 avril, 18 septembre, 20 novembre 1778.

Paris; enfin, elle fut placée sous les ordres directs du sous-secrétaire d'état ayant le département de Paris, afin d'obtenir d'elle une police encore plus active (1) (N° 16).

Souvent il s'était élevé des conflits de juridiction, entre le lieutenant de robe-courte commandant cette compagnie, le lieutenant criminel, et le lieutenant particulier; mais Louis XIV ayant réglé avec beaucoup de netteté et de précision les attributions de ces officiers, ces conflits ne se reproduisirent plus depuis (2).

Nous avons vu, dès l'origine de la monarchie, la gendarmerie composée d'*hommes d'armes* ou de *gens d'armes*, formée ensuite en *compagnies d'ordonnance*, prendre en 1066, le nom de *maréchaussées*, que nous verrons échanger encore en 1791, pour celui de *gendarmerie*, baptême politique, qui ne se fit pas sans souillure, mais que la restauration a sanctionné, sans doute, parce que ce corps dut ce nom à ses fastes même; ayant toujours fait partie de la gendarmerie de France, sous les ordres des maréchaux.

Arrivé à cette époque de 1791, nous la verrons subir le nivellement des réformateurs, puis courbée sous les désorganisations de toutes les anar-

---

(1) Ordonnance du 11 février 1774; 18 juillet 1784.

(2) Edit, janvier 1691.

chies qui se succédèrent jusqu'au consulat, où la loi du 28 germinal an VI vint lui redonner une vie qu'elle retrempa à la restauration, dans une existence plus digne d'une nation appelée par ses souverains légitimes à cet état d'indépendance qui sait concilier la puissance de la monarchie avec une liberté raisonnable, et l'autorité des supériorités sociales, avec l'égalité des citoyens aux yeux de la loi.

Cet espace de temps qui comprend trente-sept ans, je le destine à faire le second volume de cet ouvrage; mais je ne le publierai que si l'accueil fait à celui-ci, peut raisonnablement m'autoriser à le livrer au public.

FIN.

TABLEAUX.

TABLEAU N° 1. — Pag. 38.

NOMS DES RÉSIDENCES DE LIEUTENANCES DE MARÉCHAUSSÉES établies en 1554, dans le ressort du parlement de Paris.		NOMBRE D'ARCHERS.
Paris.	Chinon.	
Laon.	Loches.	
Saint-Quentin.	Londun.	
Reims.	Le Mans.	
Amiens.	Lyon.	
Abbeville.	Macon.	
Boulogne.	Mont-Brison.	
Senlis.	Moulins.	
Sens.	St.-Pierre-le-Moutier.	
Auxerre.	Riom.	
Troyes.	Aurillac.	
Vitry.	Saint-Flour.	
Château-Thierry.	Blois.	298
Chaumont.	Bourges.	
Meaux.	Issoudun.	
Provins.	Orléans.	
Melun.	Gien.	
Fontenay.	Montargis.	
Poitiers.	Chartres.	
Niort.	Etampes.	
Civray.	Angoulême.	
Châtelleraut.	La Rochelle.	
Angers.	Mantes.	
Tours.		

TABLEAU N° 2. — Pag. 76.

Composition et solde de la prévôté de l'infanterie française et étrangère, 1780.

1 Prévôt général.	1680
1 Lieutenant.	900
1 Sous-lieutenant.	720
3 Fourriers.	500
10 Archers.	240
2 Tambours.	360

TABLEAU N° 3. — Pag. 76.

Composition et solde de la prévôté des hussards, 11 *mars* 1781.

1 Prévôt général.	1680
1 Lieutenant.	720
1 Exempt.	240
2 Fourriers.	720
1 Trompette.	360
6 Archers.	240

TABLEAU N° 4. — Pag. 81.

Prévôté des monnaies, 1773.

Prévôt général.	1	418
Lieutenans.	6	
Lieutenant-guidon.	1	
Exempts.	10	
Archers.	330	
Archers par commission.	70	

TABLEAU N° 5.

Maréchaussées créées en France depuis

RÉSIDENCES.	Prévôts.	Vice-sénéchaux.	Vice-baillis.	Lieutenans.	Guidons.	Exempts.	Brigadiers.	Sous-brigadiers.	Archers.	Trompettes.
Berry	1	»	»	1	»	»	»	»	6	»
Lieutenant criminel de robe-courte	»	»	»	1	»	»	»	»	30	1
Bandes françaises	1	»	»	»	»	»	»	»	4	»
Meaux	1	»	»	1	»	»	»	»	12	»
Soissons	»	»	»	»	»	»	»	»	16	»
Reims. Château-Thierry. Provins. Melun. Laon.	1	»	»	1	»	»	»	»	12	»
Sens	1	»	»	1	»	»	»	»	20	»
Touraine. Amboise. Loudunois.	1	»	»	2	»	»	»	»	14	»
Anjou. Beaufort.	1	»	»	2	»	»	»	»	12	»
Paris. Senlis. Beauvais. Clermont. Mantes. Montfort-l'Amaury. Etampes.	1	»	»	2	»	»	»	»	30	1
Connétablie	1	»	»	»	»	»	»	»	27	»
Bourbonnais	1	»	»	»	»	»	»	»	»	»

— Pag. 88.

1520 *jusqu'en* 1720, *par ordonnances.*

Date de la création.	SOLDE.	Valeur du marc d'argent.	Règne.	*Observat.*
1520	Prévôt, 180 l.; archers, 90.	12 15	François Ier	L'ordonnance de nomination indique une création plus ancienne.
1526 1534 1540 *Id.*	*Idem.*			
Id.	Prévôt, 300 l.; lieutenant, 144; archers, 120.			
1543	*Idem.*			
1544	*Idem.*			
1545	*Idem.*			
1546	Prévôt, 1200 l.; lieutenant, 400; archers et trompettes, 180.	14		
1547 1548	. . . .		Henri II.	

Suite du

RÉSIDENCES.	Prévôts.	Vice-sénéchaux.	Vice-baillis.	Lieutenans.	Guidons.	Exempts.	Brigadiers.	Sous-brigadiers.	Archers.	Trompettes.
Montmorillon	1	»	»	1	»	»	»	»	12	»
Basse-Marche. Dorat	1	»	»	2	»	»	»	»	12	»
Ile-de-France	1	»	»	1	»	»	»	»	12	»
Loudun	1	»	»	1	»	»	»	»	6	»
Duché d'Alençon. Comté du Perche	1	»	»	»	»	»	»	»	5	»
Périgord. Angoumois. Saintonge. La Rochelle	1	»	»	»	»	»	»	»	»	»
Prévôt de l'hôtel. Prévôt de la connétablie. Grand-prévôt de l'Ile	»	»	»	»	»	»	»	»	»	»
Armagnac	1	»	»	2	»	»	»	»	15	»
Bandes françaises	1	»	»	1	»	»	»	»	4	»
»	»	»	»	»	»	»	»	»	»	»
Picardie	1	»	»	»	»	»	»	»	»	»
Champagne	1	»	»	»	»	»	»	»	»	»
Ile-de-France	1	»	»	»	»	»	»	»	»	»
Lyonnais	1	»	»	»	»	»	»	»	»	»
Forez	1	»	»	»	»	»	»	»	»	»
Beaujolais	1	»	»	»	»	»	»	»	»	»
Auvergne	1	»	»	»	»	»	»	»	»	»
Bourbonnais	1	»	»	»	»	»	»	»	»	»
Bourgogne	1	»	»	»	»	»	»	»	»	»
Dauphiné	1	»	»	»	»	»	»	»	»	»
Languedoc	1	»	»	»	»	»	»	»	»	»
Guyenne	1	»	»	»	»	»	»	»	»	»
Normandie	1	»	»	»	»	»	»	»	»	»
Bretagne	1	»	»	»	»	»	»	»	»	»

Tableau nº 5.

DATE de la création.	SOLDE.	VALEUR du marc d'argent.	RÈGNE.	*Observat.*
1549	Prévôt, 400 l.; lieutenant, 200; archers, 120.			
id.				
1551	Prévôt, 300 l.; lieutenant, 150; archers, 120.			
id.				
id.				
id.				
id.		14	Henri II.	Les lettres patentes pour l'établissement de ces prévôts, sont du 6 décembre.
1552	Prévôt, 600 l.; lieutenant, 300; archers, 120.			
1553				
1554				Suppression des prévôts provinciaux, leurs lieutenans et archers.
id.				
id.				
id.				Ces 14 prévôts furent seuls conservés avec leurs lieutenans et archers. Les lieutenans criminels, ceux particuliers et ceux aussi de courte-robe, furent investis, sous les ordres du connétable, du droit de la répression des délits.
id.				
id.				
id.				
id.				
id.				
id.				
id.				
id.				
id.				
id.				
id.				

Suite du

RÉSIDENCES.	Prévôts.	Vice-sénéchaux.	Vice-baillis.	Lieutenans.	Gaidons.	Exempts.	Brigadiers.	Sous-brigadiers.	Archers.	Trompettes.
Berry.	1	»	»	2	»	»	»	»	16	»
Siéges royaux. Et particuliers.	»	»	»	1	»	»	»	»	4	»
Touraine.	1	»	»	»	»	»	»	»	»	»
Forez.	1	»	»	1	»	»	»	»	9	»
Guyenne. Saintonge. Périgord. Bazas.	»	1	»	1	»	»	»	»	20	»
Limousin. Quercy. Rouergue.	»	1	»	1	»	»	»	»	20	»
Agenois. Condomois. Les Lannes. Armagnac. Comminge.	»	1	»	1	»	»	»	»	20	»
Chartres.	»	»	1	1	»	»	»	»	4	1
Poitou. Angoumois. La Rochelle.	»	1	»	1	»	»	»	»	20	»
Bourbonnais.	»	1	»	1	»	»	»	»	24	»
Périgord.	»	1	»	»	»	»	»	»	»	»
Château-Neuf. Bressoles.	1	»	»	»	»	»	»	»	5	»
Connétablie.	1	»	»	3	»	»	»	»	47	1
Mirebalais.	»	»	»	1	»	»	»	»	»	»
Picardie.	»	»	»	»	»	»	»	»	10	»
Châtellerault.	»	1	»	»	»	»	»	»	»	»

Tableau n° 5.

Date de la création.	SOLDE.	Valeur du marc d'argent.	RÈGNE.	*Observat.*
1555	Prévôt, 800 l.; lieutenant, 240; archers, 180.			
id.				Création dans tous les sièges royaux et particuliers, d'un lieutenant de robe-courte et de quatre archers.
id.				
1559	Prévôt, 500 l.; lieutenant, 300; archers, 150.			
1563	Vice-sénéchaux, 800 liv.; lieutenant, 200; archers, 180.		Charles IX.	Ces vice-sénéchaux remplacèrent le prévôt de la Guyenne, qui fut supprimé.
id.	*Idem.*			
id.	*Idem.*			Ces vice-sénéchaux remplacèrent le prévôt de la Guyenne, qui fut supprimé.
1564	Vice-baillis, 600 l.; lieut., 200; archers, 180; trompette, 120.			
id.	Vice-sénéchal, 800 l.; lieutenant, 400; archers, 180; trompette, 120.			
1565	Vice-sénéchal, 800 l.; lieutenant, 400; archers, 200.			
1568				
1570	Prévôt, 400 l.; archers, 120.	17.		
id.	. . . .			Vingt archers d'augmentation.
1572				
1575	. . . .		Henri III.	
1576				

Suite du

RÉSIDENCES.	Prévôts.	Vice-sénéchaux.	Vice-baillis.	Lieutenans.	Guidons.	Exempts.	Brigadiers.	Sous-brigadiers.	Archers.	Trompettes.
Fontenay. Niort.	»	1	»	1	»	»	»	»	20	»
Provence. Forcalquier.	1	»	»	2	»	»	»	»	18	»
Soissons.	1	»	»	1	»	»	»	»	»	»
Connétablie.	1	»	»	3	»	»	»	»	50	»
Vitry.	»	»	»	1	»	»	»	»	6	»
Saumur.	1	»	»	1	»	»	»	»	4	»
Gien.	»	»	1	1	»	»	»	»	12	»
Montreuil-Bellay. Mirebalais. Les Mauges.	1	»	»	»	»	»	»	»	4	»
Montargis.	1	»	»	1	»	»	»	»	12	»
Château-Gontier.	»	»	»	1	»	»	»	»	6	»
Lamarche.	»	»	»	»	»	»	»	»	4	»
Brives.	»	1	»	»	»	»	»	»	12	»
Saintes.	»	»	»	»	»	»	»	»	6	»
Anjou.	»	»	»	1	»	»	»	»	6	»
Périgord.	»	1	»	»	»	»	»	»	»	»
Château-Neuf en Thimerais.	1	»	»	»	»	»	»	»	5	»
Montluçon.	»	»	»	1	»	»	»	»	12	»
Romorantin.	»	»	»	1	»	»	»	»	»	»
Argental.	»	1	»	»	»	»	»	»	6	»
Forez.	»	»	»	1	»	»	»	»	5	»
Fère en Tardenois.	»	»	»	1	»	»	»	»	4	»
Montfort.	»	»	»	»	»	»	»	»	2	»
Langres.	»	»	»	»	»	»	»	»	6	»
Normandie.	1	»	»	2	»	2	»	»	50	»
Château-Neuf en Thimerais.	»	»	»	»	»	»	»	»	3	»

Tableau n° 5.

DATE de la création.	SOLDE.	VALEUR du marc d'argent.	RÈGNE.	*Observat.*
1576	Vice-sénéchal, 600 l.; lieutenant, 400; archers, 180.			
1577	Prévôt, 600 l.; lieutenant, 400; archers, 200.			
id.				
id				Avait été cassée en 1576.
id.				
id.	Prévôt, 600 l.			
id.	Vice-baillis, 600 l.; lieutenant, 400; archers, 180.			
	Prévôt, 400 l.; archers, 180.			
1578	Prévôt, 600 l.; lieutenant, 400; archers, 180.			
id.	Lieut., 300 l.; arch., 180.			
id.	Vice-sénéchal, 750 l.; lieutenant, 550; archers, 180			
id.	Vice-sén., 400 l.; arch., 120.			
id.				
id.	Lieutenant, 300 l.; archers, 180.			
id.				
id.	Prévôt, 400 l.; archers, 120.			
1579				
id.				
1580				
id.				
1583	Lieutenant, 300; archers, 120.			
1586				Archers domestiques.
1587	Lieutenant, 600 l.	19.		
1592	Prévôt, 400 l.; lieutenant, 600; exempt, 300; archers, 200.		Henri IV.	Sur la réclamation de cette province, cette ordonnance ne
1594				

Suite du

RÉSIDENCES.	Prévôts.	Vice-sénéchaux.	Vice-baillis.	Lieutenans.	Guidons.	Exempts.	Brigadiers.	Sous-brigadiers.	Archers.	Trompettes.
Saintonge.	»	1	»	1	»	»	»	»	12	»
Bordelais. Bazadois.	»	1	»	1	»	»	»	»	12	»
Agenois. Condomois.	»	1	»	1	»	»	»	»	12	»
Lannes.	»	1	»	1	»	»	»	»	12	»
Armagnac. Verdun.	»	1	»	1	»	»	»	»	12	»
Perche.	1	»	»	»	»	»	»	»	5	»
Châteaudun.	1	»	»	»	»	»	»	»	4	»
Anjou.	»	»	»	»	»	»	»	»	12	»
La Rochelle. Pays d'Aunix.	»	1	»	2	»	»	»	»	20	»
Orléanais.	1	»	»	2	»	»	»	»	»	»
Civray.	»	1	»	1	»	»	»	»	12	»
Gisors.	»	»	1	»	»	»	»	»	4	»
Fontenay-le-Comte.	»	1	»	»	»	»	»	»	12	»
La Flèche.	1	»	»	2	»	»	»	»	13	»
Bretagne.	1	»	»	1	»	»	»	»	10	»
Languedoc.	1	»	»	1	»	»	»	»	13	»
Laval.	1	»	»	»	»	»	»	»	6	»
Nivernais.	1	»	»	»	»	»	»	»	2	»
Auvergne.	1	»	»	»	»	»	»	»	»	»
»	»	»	»	»	»	»	»	»	»	»
Basse-Marche.	»	1	»	»	»	»	»	»	»	»
L'Ile-de-France.	»	»	»	»	»	»	»	»	2	»
L'Ile-de-France.	»	»	»	»	»	1	»	»	»	»
Normandie.	»	»	»	»	»	»	»	»	»	»

Tableau n° 5.

DATE de la création.	SOLDE.	VALEUR du marc d'argent.	RÈGNE.	*Observat.*
1594	Vice-sénéchaux, 800 l.; lieutenant, 400.			fut mise à exécution qu'en 1603.
id.				
id.				
id.				
id.				
id.				
id.				
id.				
id.	Vice-sénéchal, 800 l.; lieutenant, 600; archers, 200.			
id.	Lieutenant, 800 l.			
id.				
1595				
id.	Prévôt, 600 l.; lieutenant, 300; archers, 200.			
1596				Deux archers domestiques.
1597				Ayant *superintendance* sur ceux d'Auvergne et de la Marche.
id.				
id.	. . . .			
	. . . .			Suppression des maréchaussées créées depuis 20 ans.
1599	. . . .			Archers domestiques
1601				C'est cette année que fut mise à exécution l'ordonnance de sa création de 1592
id.	. . . .			
1603				
id.	. . . .			

Suite du

RÉSIDENCES.	Prévôts.	Vice-sénéchaux.	Vice-baillis.	Lieutenans.	Guidons.	Exempts.	Brigadiers.	Sous-brigadiers.	Archers.	Trompettes.
Meaux.	»	»	»	»		»	»	»	2	»
Normandie.	1	»	»	14	»	»	»	»	98	»
Montargis.	»	»	»	»	»	»	»	»	2	»
Languedoc.	»	»	»	»	»	»	»	»	»	»
»	»	»	»	»	»	»	»	»	»	»
Quercy.	»	1	»	»	»	»	»	»	6	»
Orléans.	»	»	»	»	»	»	»	»	2	»
Saumur.	1	»	»	»	»	»	»	»	10	1
Provins.	1	»	»	»	»	»	»	»	»	»
L'Ile-de-France.	1	»	»	1	»	1	»	»	25	1
Prévôtégénérale des monnaies.	1	»	»	1	»	3	»	»	40	1
Rodez.	»	1	»	1	»	1	»	»	8	»
Guyenne.	1	»	»	2	»	»	»	»	30	»
Crépy en Valois.	1	»	»	1	»	1	»	»	8	»
Valence.	1	»	»	1	»	1	»	»	9	»
Crepy en Valois.	»	»	»	»	»	»	»	»	»	»
Dieppe.	1	»	»	1	»	1	»	»	10	»
Châtillon-sur-Indre.	1	»	»	»	»	»	»	»	8	»
Marenne.	1	»	»	1	»	1	»	»	10	»
Nismes. Uzès. Viviers. Le Puy. Mende.	1	»	»	1	»	1	»	»	»	»
Toulouse. Castres. Carcassonne.	2	»	»	1	»	1	»	»	10	»

Tableau n° 5.

DATE de la création.	SOLDE.	VALEUR du marc d'argent.	RÈGNE.	*Observat.*
1604	. . . .			Deux archers domestiques.
1605	Prévôt, 400; l. lieutenant, 300; archers, 200.			Réorganisation.
1606	. . . .			Archers domestiques.
id.	. . . .			Lieutenant.
1612	. . . .			Exempts dans chaque compagnie des prévôts.
1613	. . . .	20 5 4	Louis XIII.	Archers domestiques.
1618	. . . .			
1629				
Id.				
1633				
1635				
Id.				
1637				
1638				
id.	Prévôt, 600; l. lieutenant, 200; archers, 100.			
1639	. . . .			Réunion de la maréchaussée du lieutenant de robe-courte avec celle des prévôts des maréchaux créée en 1638.
id.	Prévôt, 600; l. lieutenant, 200; exempt, 100; archers, 50.			
id.	Prévôt, 500 l.; lieutenant, 200; exempt, 100; archers, 50.			Ils avaient qualité de sergent et pouvoir d'exploiter partout le royaume.
id.	Prévôt, 1500 l.; lieutenant, 400; exempt, 200; archers, 150.			

Suite du

RÉSIDENCES.	Prévôts.	Vice-sénéchaux.	Vice-baillis.	Lieutenans.	Guidons.	Exempts.	Brigadiers.	Sous-brigadiers.	Archers.	Trompettes.
Joigny. Saint-Florentin.	1	»	»	1	»	1	»	»	6	»
Limousin.	1	»	»	2	»	1	»	»	20	»
Sarlat.	1	»	»	1	»	1	»	»	12	»
Dauphiné.	»	»	»	3	»	3	»	»	32	»
Limousin.	1	»	»	2	»	4	»	»	50	»
Champagne.	1	»	»	2	»	2	»	»	30	»
Touraine.	1	»	»	2	»	2	»	»	30	»
Anjou.	1	»	»	2	»	2	»	»	30	»
Poitou.	1	»	»	2	»	2	»	»	30	»
Orléans.	1	»	»	2	»	2	»	»	20	»
Bourges.	1	»	»	2	»	2	»	»	20	»
Moulins.	1	»	»	2	»	2	»	»	20	»
Lyon.	1	»	»	2	»	2	»	»	20	»
L'Ile-de-France.	»	»	»	»	»	2	»	»	20	»
Toulon.	»	»	»	1	»	1	»	»	6	»
Chaumont en Beauvoisis.	»	»	»	»	»	1	»	»	4	»
Albret.	»	1	»	1	»	1	»	»	8	»
Cognac.	»	»	»	1	»	»	»	»	8	»
Saint-Etienne.	1	»	»	1	»	1	»	»	8	»
Prévôté des monnaies.	»	»	»	4	»	4	»	»	20	»
Foix.	»	1	»	1	»	1	»	»	8	»
L'Ile-de-France.	»	»	»	2	»	4	»	»	50	1
Rethel.	»	»	»	»	»	1	»	»	6	»
»	»	»	»	»	»	»	»	»	»	»
Tarbes.	1	»	»	1	»	»	»	»	12	»

Tableau n° 5.

Date de la création.	SOLDE.	Valeur du marc d'argent.	Règne.	*Observat.*
1640				
id.	Prévôt, 1500 l.; lieut., 1000; lieut., 500; exempt, 400; archers, 200.			
id.	Prévôt, 800 l.; lieut., 500; exempt, 300; arch., 180.			
1641	Lieutenant, 400 l.; exempt, 350; archers, 300.			
id.	Prévôt, 4000 l.; lieut., 1000; exempt, 300; arch., 250.			
id.	Prévôts généraux, 3600 l.; lieutenant, 1200; exempt, 300; archers, 200.			
id.				
id.				
id.				
id.				
id.				
id.				
id.				Création d'un lieutenant et d'un exempt dans les compagnies des grands prévôts des maréchaux des monnaies et autres prévôts généraux et particuliers, et deux archers en chacune desdites compagnies et résidences desdites maréchaussées et lieutenans criminels de robe-courte.
id.				
1643	. . . .	26 10		
1644	Exempt, 300 l.; arch., 225.		Louis XIV.	
id.	Vice-sénéchal, 800 l.; lieutenant, 400; archers, 150.			
id.				
1645				
id.				
1646				
id.				
1648				
1650	. . . .			
1656	Prévôt, 500 l.; lieut., 100; archers, 25.			Créés archers mousquetaires à

Suite du

RÉSIDENCES.	Prévôts.	Vice-sénéchaux.	Vice-baillis.	Lieutenans.	Guidons.	Exempts.	Brigadiers.	Sous-brigadiers.	Archers.	Trompettes.
L'Ile-de-France.	»	»	»	4	»	5	»	»	50	»
Cahors.	1	»	»	1	»	2	»	»	30	»
Normandie.	1	»	»	»	»	»	»	»	»	»
L'Ile-de-France.	»	»	»	»	1	»	»	»	»	»
Bretagne.	»	»	»	1	»	»	»	»	»	»
Marsan.	»	»	»	1	»	»	»	»	»	»
Flandre et Hainaut. . . .	1	»	»	6	»	8	»	»	70	»
Vivarais.	»	»	»	1	»	1	»	»	15	»
Velay.	»	»	»	1	»	1	»	»	10	»
Gevaudan.	»	»	»	1	»	1	»	»	8	»
Béarn.	»	1	»	1	»	»	»	»	12	»
Lorraine.	1	»	»	1	»	1	»	»	15	»
Barrois.	1	»	»	1	»	1	»	»	10	»
Lalane.	1	»	»	1	»	1	»	»	12	»
Hambourg.	»	»	»	1	»	1	»	»	6	»
Phalsbourg.	»	»	»	»	»	»	»	»	6	»
Mont-Royal.	»	»	»	1	»	1	»	»	6	»
Strasbourg.	1	»	»	1	»	1	»	»	14	»
Brisac.	»	»	»	1	»	1	»	»	8	»
Loudun.	»	»	»	1	»	1	»	»	8	»
Luxembourg.	1	»	»	1	»	1	»	»	15	»
Bourgogne.	1	»	»	1	»	2	»	»	16	»
Dole.										
Besançon.										
Quingey.										
Ornans.	1	»	»	1	»	1	»	»	10	»
Arbois.										
Poligny.										

Tableau n° 5.

DATE de la création.	SOLDE.	VALEUR du marc d'argent.	RÈGNE.	*Observat.*
1658	Prévôt, 1600 l.; lieut., 800, exempt, 250; arch., 100.			cheval, c'est-à-dire, portant mousquet.
1659				La prévôté fut divisée en deux.
1660	. . . .			Aux gages d'un archer.
1670	. . . .			
1677				
1678	Lieutenant, 500 l.			
1679	Prévôt, 6000 l.; lieut., 1250, exempts, 625; arch. 375.			
1684	Lieut., 2000 l.; exempts, 400; archers, 360.			
id.	Lieut., 1333 l. 6 s. 6 d.; exempt, 400; arch. 360.			
id.	*Idem.*			
id.	Vice-sénéchal, 2000 l.; lieutenant, 400; archers, 360.			
1692				
id.				
id.				
id.				
id.				
id.				
id.				
id.				
id.				
id.				
id.				
id.				

Suite du

RÉSIDENCES.	Prévôts.	Vice-sénéchaux.	Vice-baillis.	Lieutenans.	Guidons.	Exempts.	Brigadiers.	Sous-brigadiers.	Archers.	Trompettes.
Gray.										
Vesoul.										
Beaume.	1	»	»	1	»	1	»	»	10	»
Luxeul.										
Montbelliard.										
Lons-le-Saulnier.										
Salins.										
Orgelet.	1	»	»	1	»	1	»	»	10	»
Pontarlier.										
Saint-Claude.										
Artois.	1	»	»	3	»	3	»	»	40	»
Toul.	1	»	»	»	»	1	»	»	8	»
Verdun.	1	»	»	»	»	1	»	»	8	»
Epinal.	1	»	»	1	»	1	»	»	10	»
Longwy.	1	»	»	1	»	1	»	»	10	»
Toulouse.	1	»	»	1	»	1	»	»	10	»
Montauban.	1	»	»	1	»	1	»	»	10	»
Nismes.	1	»	»	1	»	1	»	»	10	»
Rieux.	1	»	»	1	»	1	»	»	8	»
Comminge.	1	»	»	1	»	1	»	»	8	»
Narbonne.	1	»	»	1	»	1	»	»	8	»
Saint-Papoul.	1	»	»	1	»	1	»	»	6	»
Carcassonne.	1	»	»	1	»	1	»	»	6	»
Allet et Limoux.	1	»	»	1	»	1	»	»	6	»
Mirepoix.	1	»	»	1	»	1	»	»	6	»
Alby.	1	»	»	1	»	1	»	»	6	»
Castres.	1	»	»	1	»	1	»	»	6	»
Montpellier.	1	»	»	1	»	1	»	»	8	»
Uzès.	1	»	»	1	»	1	»	»	6	»
Viviers.	1	»	»	1	»	1	»	»	6	»
Puy.	1	»	»	1	»	1	»	»	6	»
Mende.	1	»	»	1	»	1	»	»	6	»
Lodève.	1	»	»	1	»	1	»	»	6	»

Tableau n° 5.

DATE de la création.	SOLDE.	VALEUR du marc d'argent.	RÈGNE.	*Observat.*
id.				
id.				
1693				
id.				
id.	Prévôt général, 2000 l.; lieutenant du prévôt général, 500; exempt *idem*, 300; Prévôts provinciaux, 800 l.; lieutenant *idem*, 400; exempt *idem*, 250; archers, 200.			
id.				
id.				
id.				
id.				
id.				
id.				
id.				
id.				
id.				
id.				
id.				
id.				
id.				
id.				
id.				
id.				
id.				
id.				
id.				

Suite du

RÉSIDENCES.	Prévôts.	Vice-sénéchaux.	Vice-baillis.	Lieutenans.	Guidons.	Exempts.	Brigadiers.	Sous-brigadiers.	Archers.	Trompettes.
Agde.	1	»	»	1	»	1	»	»	6	»
Bezières.	1	»	»	1	»	1	»	»	6	»
Saint-Pont.	1	»	»	1	»	1	»	»	6	»
Lavaur.	1	»	»	1	»	1	»	»	6	»
Péronne. Roye. Montdidier.	»	»	»	1	»	»	»	»	4	»
Bourgogne. Bresse. Prévôt des monnaies de Lyon.	1	»	»	1	»	4	»	»	30	1
Bugey. Gex. Valromey.	»	»	»	»	»	11	»	»	»	»
Soissons.	»	»	»	1	»	1	»	»	4	»
Saint-Silvin.	»	»	»	1	»	»	»	»	18	»
Ile-de-France.	»	»	»	»	1	»	»	»	»	»
Brioude.	»	»	»	1	»	»	»	»	14	»
Montaigu.	»	»	»	»	»	1	»	»	»	»
Clermont.	»	»	»	»	»	»	»	»	4	»
Mauriac.	»	»	»	»	»	1	»	»	6	»
Chaudes-Aigues.	»	»	»	»	»	1	»	»	6	»
Rennes.	1	»	»	3	»	2	»	»	28	»
Nantes.	1	»	»	1	»	1	»	»	15	»
Quimper.	1	»	»	1	»	1	»	»	15	»
Vannes.	1	»	»	1	»	1	»	»	15	»
Laon.	»	»	»	1	»	1	»	»	8	»
Amboise.	»	»	»	1	»	1	»	»	6	»
Chollet.	»	»	»	1	»	1	»	»	7	»
Abbeville.	»	»	»	»	»	»	»	»	6	»
Tonnerre.	»	»	»	1	»	»	»	»	6	»
Vendôme.	»	»	»	»	»	»	»	»	6	»
Givet.	»	»	»	»	»	1	»	»	5	»

Tableau n° 5.

DATE de la création.	SOLDE.	VALEUR du marc d'argent.	RÈGNE.	*Observat.*
1696				
id.				
id.				
id.				
1700				
1704				
1705				
id.	Exempt, 300 l.; archers; 100.			
1706				
id.	Guidon, 218 l. 11 s. 6 d.			Gage d'un archer.
1708				
id.				
id.				
id.				
id.				
id.				
id.				
id.				
id.				
1709	Lieut., 500 l.; ex., 300; arc., 100.			
1711	Lieut., 120; exem., 80; arc., 75.			
1715	Lieutenant, 1000; exempt, 250; archers, 150.	30 10		
id.	Archers, 168 l. 15 s.			
1716	Lieutenant, 243 l. 15 s.; archers, 168 l. 15 s.		Louis XV.	
id.				Cette compagnie avait été créée en 1703.
1717		120		

TABLEAU n° 6. — Pag. 100.

Etat du 7 février 1707 des Officiers de maréchaussées à la suite des maréchaux, pour l'exécution de leurs ordres et de la justice, pourvus par le roi, sur la nomination desdits maréchaux.

COMPAGNIES.	PRÉVÔTS.	LIEUTENANS.	EXEMPTS.
8.	7.	4.	3.

TABLEAU N° 7. — Pag. 115.

Etat des maréchaussées créées en 1720.

RÉSIDENCES.	Prévôts.	Lieutenans.	DÉPARTEMENS.
Melun.	1	1	Paris.
Tonnerre.	»	1	
Sens.	»	1	
Provins.	»	1	
Meaux.	»	1	
Mantes.	»	1	
Senlis.	»	1	
Beauvais.	»	1	
Soissons.	1	»	Soissonnais.
Laon.	»	»	
Chaumont-Beauvoisis.	»	»	
Amiens.	1	1	Picardie et Artois.
Abbeville.	»	1	
Arras.	»	1	
Boulogne.	»	1	
Châlons.	1	2	Champagne.
Reims.	»	1	
Troyes.	»	1	
Langres.	»	1	
Orléans.	1	2	Orléanais.
Chartres.	»	1	
Blois.	»	1	
Montargis.	»	1	
Angers.	1	1	Touraine, Anjou et Maine.
Château-Gontier.	»	1	
Le Mans.	»	1	
Tours.	»	2	
Bourges.	1	2	Berry.
Châtillon-sur-Indre.	»	1	

Suite du TABLEAU n° 7.

RÉSIDENCES.	Prévôts.	Lieutenans.	DÉPARTEMENS.
Moulins	1	2	Bourbonnais.
Guéret	»	1	
Poitiers	1	1	Poitou.
Fontenay-le-Comte	»	1	
Montaigu	»	1	
Montmorillon	»	1	
Limoges	1	1	Limosin.
Tulle	»	1	
Angoulême	»	1	
La Rochelle	1	1	Aunis.
Saintes	»	1	
Clermont	1	»	Auvergne.
Riom	»	1	
Saint-Flour	»	1	
Lyon	1	1	Lyonnais.
Montbrison	»	1	
Rouane	»	1	
Dijon	1	1	Bourgogne.
Châlons	»	1	
Macon	»	1	
Auxerre	»	1	
Bourg	1	1	Bresse, Bugey, Gex, Valmory.
Rouen	1	2	Rouen.
Caudebec	»	1	
Caen	1	1	Caen.
Coutances	»	1	
Rennes	1	2	Bretagne.
Nantes	»	1	
Vannes	»	1	
Quimper-Corentin	»	1	
Bordeaux	1	2	Guyenne.
Périgueux	»	1	
Agen	»	1	

Suite du TABLEAU n° 7.

RÉSIDENCES.	Prévôts.	Lieutenans.	DÉPARTEMENS.
Alençon.	1	1	Alençon.
Falaise.	»	1	
Montauban.	1	»	Montauban.
Cahors.	»	1	
Rodez.	»	1	
Grenoble.	1	1	Dauphiné.
Valence.	»	1	
Gap.	»	1	
Montpellier.	1	1	Languedoc.
Puy-en-Velay.	»	1	
Carcassonne.	»	1	
Toulouse.	»	1	
Aix.	1	1	Provence.
Digne.	»	1	
Pau.	1	»	Béarn.
Mont-de-Marsan.	»	»	
Auch.	»	»	
Perpignan.	1	1	Roussillon.
Pamiers.	»	1	
Metz.	1	1	Les Trois Évêchés.
Verdun.	»	1	
Lille.	1	2	Flandre.
Valencienne.	1	1	Hainault.
Strasbourg.	1	1	Alsace.
Colmar.	»	1	
Besançon.	1	1	Comté de Bourgogne.
Lons-le-Saulnier.	»	1	
Vezoul.	»	1	

Tableau n° 8. — Pag. 127.

Etat des maréchaussées de Bourgogne, créées en 1721.

Résidences.	Prévôts.	Lieutenans.	Brigadiers.	Sous-brigadiers.	Archers.	Trompettes.
Dijon. . . .	1	1	1	1	12	1
Auxerre. . .	»	»	»	1	4	»
Vitaux. . . .	»	»	»	1	4	»
Chancenux.	»	»	»	1	4	»
Châtillon. .	1	1	1	»	4	»
Châlons. . .	1	1	1	»	4	»
Longans. . .	»	»	»	1	4	»
Semur. . . .	»	»	»	1	4	»
Autun. . . .	1	1	1	»	4	»
Beaune. . .	»	»	»	1	4	»
Inzy.	»	»	»	1	4	»
Mâcon. . . .	1	1	1	»	4	»
Charolles. .	1	1	1	»	4	»
Toulon-sur-Arouy. .	»	»	»	1	4	»
Mont Saint-Vincent. .	»	»	»	1	4	»
Auxerre. . .	1	1	1	»	4	»
Avalon. . .	»	»	»	1	4	»
Saulieu. . .	»	»	»	1	4	»
Noyers. . .	»	»	»	1	4	»
Montbart. .	1	1	1	»	4	»
Bourg-en-Bresse. . .	1	1	1	»	4	»
Mont-Luel. .	»	»	»	1	4	»
Saint-Julien	»	»	»	1	4	»
Bellay. . . .	1	»	»	1	4	»
Nantua. . .	»	»	»	1	4	»
Gex.	1	»	1	»	4	»

Solde.	Liv.
Prévôt général. . . .	4000
Prévôt de 2e classe. .	2000
Prévôt de 3e classe. .	1000
Prévôt de 4e classe. .	800
Prévôt de 5e classe. .	700
Lieutenant de 1re cl.	1000
Lieutenant de 2e cl. .	800
Lieutenant de 3e cl. .	700
Brigadier.	600
Sous-brigadier. . . .	550
Archer.	500
Trompette.	300

TABLEAU N° 9. — Page 133.

État général de la maréchaussée en 1763.

Prévôts.	30	3,322
Lieuten. ayant le titre de prévôt.	10	
Lieutenans.	101	
Assesseurs.	94	
Procureurs du roi.	94	
Greffiers.	94	
Exempts.	168	
Brigadiers.	178	
Sous-brigadiers.	227	
Archers et trompettes.	2,326	

TABLEAU N° 10. — Page 142.

État de la maréchaussée de Lorraine et Barrois en 1768.

Prévôt général.	1	186
Lieutenans.	4	
Exempts.	12	
Brigadiers.	12	
Sous-brigadiers.	12	
Cavaliers.	144	
Trompettes.	1	

TABLEAU N° 11. — Page 143.

État de la maréchaussée de la Corse en 1769.

Prévôt général.	1	66
Lieutenans.	3	
Exempts.	8	
Brigadiers.	3	
Sous-brigadiers.	3	
Cavaliers.	47	
Trompettes.	1	

1778.

Prévôt général.	1	20
Lieutenant.	1	
Sous-lieutenant.	1	
Maréchal-des-logis.	1	
Brigadiers.	3	
Cavaliers.	12	
Trompette.	1	

TABLEAU N° 12. — Page 144.

État de la maréchaussée d'Avignon, 1769.

Lieutenant.	1	30
Exempt.	1	
Brigadiers.	5	
Sous-brigadiers.	6	
Cavaliers.	17	

Tableau n° 13. — Page 145.

État de la maréchaussée des voyages et chasses du Roi en 1772.

Prévôt général	1	57
Lieutenant	1	
Exempts	9	
Sous-brigadiers	9	
Cavaliers	36	
Trompette	1	

1778.

Prévôt général	1	85
Lieutenant	1	
Sous-lieutenans	2	
Maréchaux-des-logis	4	
Brigadiers	16	
Cavaliers	60	
Trompette	1	

Tableau n° 14. — Page 153.

État de la maréchaussée de l'hôtel et grande prévôté de France en 1778.

Un lieutenant-général d'épée. . .	1	162
Major.	1	
Lieutenans.	4	
Sous-lieutenans.	6	
Aide-major.	1	
Maréchal-des-logis.	1	
Brigadiers.	6	
Sous-brigadiers.	6	
Trompette.	1	
Gardes.	60	
Gardes départis près des intendans.	65	
Appointés surnuméraires.	6	
Commissaire aux revues.	1	
Secrétaire.	1	
Aumônier.	1	
Chirurgien.	1	

Tableau n° 15. — Page 154.

État de la maréchaussée de France en 1778.

Inspecteurs généraux.	6	3,530
Prévôts généraux.	33	
Lieutenans.	108	
Sous-lieutenans.	150	
Maréchaux-de-logis.	150	
Brigadiers.	650	
Cavaliers.	2,400	
Trompettes.	33	

Tableau n° 16. — Pag. 168.

Etat de la maréchaussée de l'Ile-de-France en 1778.

COMPOSITION ET FORCE.		DISTRIBUTION	
		ARRONDISSEMENS.	BRIGADES.
Prévôt.	1	Paris.	Paris.
Lieutenans.	4	Ville-Juif. . .	Bourg-la-Reine.
Guidon.	1	Sèvres. . . .	S.-Germ.-en-Laye.
Exempts.	8		Montreuil.
Archers avec gages.	46		Jouy.
Archers sans gages.	54	Saint-Denis.	Passy.
			Nanterre.
Force totale. .	114	Charenton. .	Bondy.

Tableau n° 17. — Pag. xj.

Prix de diverses marchandises, depuis 1519 jusqu'à 1740.

Années.	Nature des marchandises.	Prix. Livre.	Sous.	Deniers.	Lieux de la vente. Paris.	Rosoy.	Observations.
1519	Setier de blé.	1	2	6	oui	»	Le setier de Paris dont il est question ici, pesait 240 liv. La livre dont il s'agit ici, était de 16 onces. L'évaluation du prix a été faite avec soin en recherchant les rapprochemens autant qu'on l'a pu, entre toutes les monnaies qui se sont succédées et qui ont,
	Messe.	»	1	»	*id.*	»	
1540	Setier de blé.	1	16	8	*id.*	»	
	Messe d'obit.	»	3	4	*id.*	»	
1560	Setier de blé.	3	15	»	*id.*	»	
	Pinte de vin.	»	»	1	*id.*	»	
	Criblage d'un setier de blé.	»	»	3	*id.*	»	
1581	Setier de blé.	5	10	»	*id.*	»	

Suite du TABLEAU N° 17.

ANNÉES.	NATURE DES MARCHANDISES.	PRIX. Livre.	Sous.	Deniers.	LIEUX de la vente. Paris.	Rosoy.	Observations.
	Bouteille de vin. . .	»	5	»	oui	»	varié à l'infini et celles qui existent aujourd'hui, en tirant des inductions d'un temps à un autre. Tout ceci a été puisé dans l'Essai sur les monnaies, ou rapport entre l'argent et les denrées, par M. Dupre de Saint-Maur.
	Messe d'obit.	»	6	»	*id.*	»	
1600	Setier de froment. .	7	2	8	»	oui	
	Douzaine d'œufs. . .	»	4	»	»	*id.*	
	Livre de sucre. . . .	1	4	»	»	*id.*	
	Livre de chandelle. .	»	6	»	»	*id*	
	Livre de beurre.. . .	»	4	8	»	*id.*	
	Tondre une brebis. .	»	5	»	»	*id.*	
1625	Setier de blé.	9	9	7	»	*id.*	
	Pinte d'huile pour lampe.	»	12	»	»	*id.*	
	Messe.	»	8	»	»	*id.*	
1666	Setier de blé.	10	13	9	»	*id.*	
	Livre de chandelle. .	»	9	»	»	*id.*	
	Livre de plomb. . .	»	4	6	»	*id.*	
	Journée de mulet.. .	»	16	»	»	*id.*	
	Nourriture d'un cheval par jour. . . .	»	12	»	»	*id.*	
	Ferrage et pansage d'un cheval pendant un an.	9	»	»	»	*id.*	
1696	Setier de blé.	14	15	»	»	*id.*	
	Messe.	»	12	»	»	*id.*	
1721	Setier de froment. . .	14	14	»	»	*id.*	
	Millier d'échalas. . .	8	»	»	»	*id.*	
	Fauchage d'un arpent de pré.	2	10	»	»	*id.*	
	Bottelage d'un cent de foin.	»	9	»	»	*id.*	
	Façon de cent bourrées.	1	»	»	»	*id.*	
	Une douzaine d'œufs.	»	12	»	»	*id.*	
	Blé battu par bichet.	»	2	»	»	*id.*	
	Un poulet.	»	8	»	»	*id.*	
	Livre de fromage de gruyère.	»	10	»	»	*id.*	
1740	Setier de blé.	22	16	»	»	*id.*	
	Cent bottes de paille.	13	»	»	»	*id*	
	Cent bottes de foin. .	30	»	»	»	*id.*	
	Millier d'œufs.. . . .	31	»	»	»	*id.*	

FIN.

www.ingramcontent.com/pod-product-compliance
Lightning Source LLC
Chambersburg PA
CBHW070600100426
42744CB00006B/356

* 9 7 8 2 0 1 2 5 4 9 7 5 3 *